ANTONINE

PAR

ALEXANDRE DUMAS FILS.

I

PARIS,
HIPPOLYTE SOUVERAIN, ÉDITEUR,
Rue des Beaux-Arts, 5.

1849

ANTONINE

I

— EN VENTE. —

LES DEGRÉS DE L'ÉCHELLE
Par Mme la Comtesse D'ASH.

L'AMI DU CHATEAU
OU
LE CHEVALIER DE CLERMONT,
PAR ÉLIE BERTHET ET HENRY MONNIER.

L'ÉVENTAIL D'IVOIRE
PAR AUGUSTE LUCHET.
2 volumes in-8°.

LE CAPITAINE LA ROSE
PAR FÉLICIEN MALLEFILLE.
2 vol. in-8°.

LA VIE A VINGT ANS
PAR ALEXANDRE DUMAS FILS.

UN DRAME DANS LES PRISONS
PAR HONORÉ DE BALZAC.
2 volumes in-8°.

BOLESLAS
OU LA
TACHE DE CAÏN
PAR L. DE VAUPLEUX.
2 vol. in-8°.

Typographie de H. Vrayet de Surcy et Cie, rue de Sèvres, 37.

ANTONINE

PAR

ALEXANDRE DUMAS FILS.

I

PARIS,
HIPPOLYTE SOUVERAIN, ÉDITEUR,
Rue des Beaux-Arts, 5.
—
1849

I

LES PETITS PIEDS.

—

Aimez-vous les romans qui commencent ainsi :

Par une belle matinée ;

ou,

Par une belle soirée de printemps, etc? moi je les aime beaucoup. On se

sent tout de suite à son aise, on a de
l'air et du soleil, on respire, on voit
qu'il va être question de nature et
d'amour, de jeunesse et de poésie. Fi
de ces écrivains qui vous font entrer,
l'hiver, dès leur premier chapitre, dans
une chambre mansardée dont le froid
vous glace, dont les murailles nues
ressemblent aux quatre parois d'une
tombe et où vous voyez grelotter quelque pauvre famille tristement accrou-
pie autour de son dernier tison!

Fi de ces romanciers à qui vous demandez une distraction pour vos
heures oisives, et qui vous initient à
cette sombre réalité de la misère et de
la vie, au lieu de vous faire assister au
spectacle des splendeurs de Dieu! Qu'ils

arrivent à ces sortes de tableaux, j'y consens, mais qu'ils y arrivent comme on arrive aux mansardes, en passant par les premiers étages, c'est-à-dire en passant par les gens heureux.

Cependant l'hiver a son charme, mais à de certaines conditions :

Une chambre bien tapissée, de grands rideaux de soie qui ne laissent pénétrer qu'un demi-jour, si bien que du dedans on ne sait pas quel temps il fait dehors et si le ciel est gris ou bleu, le temps chaud ou froid; un tapis moelleux sur lequel, en décembre, on peut poser ses pieds nus, des tableaux riant dans leurs cadres, des fauteuils larges et doux, un canapé où l'on peut dormir, des fleurs, des étoffes, des tenures; un grand feu qui petille, qui éclaire, qui égaye tout cela, et qui fait cette chambre chaude comme un nid; une femme à demi-nue dans sa couche, dont elle n'est pas forcée, pour éviter le froid, de ramener les draps jusque sur ses joues ; cela n'est ni triste à voir ni désagréable à mettre en scène, surtout quand la femme est jeune, quand elle est jolie, et quand on peut le dire.

Cependant nous conservons notre prédilection pour le printemps, car nous aimons mieux la gaîté de toute la nature que celle d'une chambre isolée, et nous préférons l'ombre du mois de juin au feu du mois de janvier.

Donc, par une belle matinée du mois de mai 18....., deux jeunes gens se promenaient bras dessus, bras dessous, sous les arcades de la rue de Rivoli.

Il était onze heures; ils venaient de déjeuner.

Ils étaient de même taille tous les deux et paraissaient avoir le même âge. Seulement l'un était blond et l'autre avait les cheveux noirs.

Le blond n'avait pas de barbe, ou du moins il n'en portait pas. Ses yeux bleus, ses joues un peu pâles, son visage extrêmement doux, tout cela avait un air mélancolique qui, du reste, lui seyait à merveille.

Le brun avait les yeux très-noirs, portait moustache et barbe, reflétait une santé de fer, avait les épaules larges, marchait du pas ferme d'un homme qui a une grande exubérance de vie à dépenser tous les jours et fumait, distraction dont s'abstenait l'autre. Son visage, ainsi que celui de son compagnon, était empreint d'une grande douceur. Comme toutes les grandes et belles natures, il aimait avec tout ce qu'il avait en lui, avec sa force physique comme avec sa force morale. Son amitié était pleine de franchise et ne se ralentissait pas, car elle n'était l'esclave d'aucune préoccupation, d'aucun égoïsme, d'aucune maladie.

Je ne sais pas si je m'explique bien: je veux dire que c'était un de ces hommes qui peuvent prouver leur affection à toute heure du jour, parce que rien n'embarrasse leur existence : ni habitudes, ni mélancolie, ni rien enfin de ce qui force les gens à s'occuper de temps en temps d'eux-mêmes.

Il appartenait à ceux qu'il aimait ; c'était ce qu'on appelle un bon garçon.

Le blond s'appelait Edmond de Péreux ; le brun se nommait Gustave Daumont.

C'étaient deux amis de collége qui se complétaient admirablement l'un par l'autre.

Edmond, élevé par sa mère restée veuve quand il avait trois ans, avait toutes les habitudes, je dirai presque toutes les manies féminines.

Gustave, orphelin dès son enfance,

avait été élevé d'une façon assez dure par un tuteur goutteux, éducation qui, du reste, lui avait profité, grâce à sa nature solide et précoce.

Dès l'âge de sept ans, Gustave avait été mis au collége; et ce n'était que lorsqu'il avait eu quinze ans que madame de Péreux avait consenti à y mettre Edmond.

Gustave avait deviné tout de suite dans son nouveau camarade le caractère timide et craintif de l'enfant élevé par une femme, et il s'était fait aussitôt l'ami et le protecteur d'Edmond. Leur intimité avait daté de là et s'était continuée après le collége.

Ils se voyaient presque tous les jours.

Gustave aimait Edmond comme un

père aime son fils. Il n'état pas plus âgé que lui, par l'âge; mais cette grande force dont il était doué et cette protection qu'il lui avait accordée au collége le vieillissaient, pour ainsi dire, aux yeux d'Edmond, et lui avaient donné une sorte d'autorité paternelle sur lui, autorité dont il n'abusait pas beaucoup.

Un jour, madame de Péreux avait dit à Gustave :

—Gustave, ayez bien soin de mon fils.

Et depuis ce jour, Daumont avait regardé comme un devoir sacré ce qui n'avait encore été qu'un des plaisirs de son amitié.

Il faut dire aussi que, de temps en temps, Gustave avait surpris les yeux de madame de Péreux se fixant avec inquiétude sur Edmond. C'étaient les jours où celui-ci était plus pâle et plus rêveur que de coutume. Dans cette inquiétude de mère Gustave avait puisé une nouvelle résolution, et il avait dit à madame de Péreux, en lui prenant la main :

— Soyez sans crainte, je suis là.

Voilà ce qu'étaient et ce qu'avaient été Edmond et Gustave jusqu'au jour où nous faisons leur connaissance; grande et sincère affection l'un pour l'autre, un peu obéissante de la part de celui-là, un peu protectrice et un peu grave de la part de celui-ci, par suite des circonstances que nous avons rapidement fait connaître.

Nos deux amis se promenaient donc sous les arcades de la rue de Rivoli, par une belle matinée du mois de mai.

Ils causaient.

Tout à coup Edmond s'arrêta devant un débit de tabac.

— Attends, dit-il à Gustave, je vais prendre un cigare.

— C'est inutile, répondit celui-ci en reprenant le bras de son ami.

— Pourquoi est-ce inutile?

— Parce que cela te fera mal de fumer.

— Tu fumes bien, toi!

— Oh! moi, c'est autre chose. J'y suis fait. D'ailleurs, cela contrarie ta mère.

Edmond n'ajouta pas un mot et reprit sa promenade.

Au moment où ils arrivaient à la rue Castiglione, ils s'arrêtèrent pour laisser passer un monsieur et une jeune fille qui l'accompagnait.

Le monsieur était encore, malgré la saison, enfermé dans une redingote à la propriétaire. Il avait une bonne figure bien calme, bien avenante. Il pouvait avoir de cinquante à cinquante cinq ans. Il avait les cheveux gris, portait un chapeau bas de forme, à très-larges bords, et tenait dans sa main un jonc à pomme noire.

Il était décoré.

Disons tout de suite qu'il ne fixa que médiocrement l'attention des deux jeunes gens, qui n'eussent peut-être pas remarqué la jeune fille sans une circonstance que nous allons raconter.

Cette jeune fille avait une figure gracieuse et sympathique, qu'Edmond ne fit qu'entrevoir, car elle marchait assez vite. Quant à Gustave, il regardait d'un autre côté.

La jeune fille, qui semblait avoir seize ou dix-sept ans, était plutôt petite que grande; elle avait une robe grise, un mantelet de soie noire, un chapeau de paille, une ombrelle verte, costume très-simple, comme vous le voyez, et qui n'était en aucune façon destiné à attirer les regards.

Edmond et Gustave allaient continuer leur chemin, quand, quittant le bras de son père, elle se mit à marcher sur la pointe du pied et à retrousser un peu sa robe afin de traverser sans se crotter la rue de Rivoli, pleine d'eau en cet endroit.

Vous allez me demander comment il se faisait que, par cette belle matinée du mois de mai, la rue de Rivoli fût pleine d'eau. C'est bien simple. Il n'avait pas plu depuis huit jours au moins, mais il y a à Paris une entreprise qui supplée admirablement à la pluie : c'est l'entreprise des arrosements qui gagne si consciencieusement l'argent qu'on lui donne, qu'il y a non-seulement de l'eau, mais encore de la boue partout où a passé une de ses voitures.

Une de ses voitures venait de passer.

La jeune fille releva donc sa robe,

et Edmond, qui la suivait machinalement des yeux, put voir deux petits pieds coquettement chaussés, deux bas de jambes fins au-dessus de la cheville, et dont la ligne allait s'élargissant peu à peu, ce qui promettait deux jambes comme on n'en voit guère qu'aux femmes du Corrége et aux statuettes de Pradier.

Or, rien n'est attractif comme les jolies jambes.

Je ne sais pas pourquoi, mais ces petits pieds qui trottinent sur le pavé, ces bas blancs bien tirés, cette jambe dont on ne voit que le tiers et qui se laisse deviner en entier par le peu qu'elle montre, tout cela a sur l'imagination des hommes une puissance inexprimable.

Je dirai même que les robes qu'on relève pour passer dans la boue, sont une des grandes consolations de l'hiver.

Edmond était comme tous les hommes; il considéra quelques instants ces deux charmants petits pieds, si fins, si luisants, si pleins de précautions, ces deux jambes précoces, et il dit à Gustave :

— Tu as vu cette belle fille qui vient de passer, avec son père, sans doute?

— Non, répondit Gustave.

— Qui s'en va là-bas, continua Edmond en montrant la jeune fille.

— Elle est jolie? demanda Gustave.

— Charmante, mon cher; et vois

donc quelles jolies jambes et quels adorables pieds!

— En serais-tu déjà amoureux?

— Si nous la suivions? demanda timidement Edmond.

— Pourquoi faire?

— Pour la suivre.

— Pardieu! voilà un beau plaisir; à quoi cela te mènera-t-il de suivre cette enfant qui est avec son père?

— A rien; mais puisque nous nous promenons, autant que nous nous promenions avec deux jolies jambes sous les yeux.

— Quand elle sera dans les Tuileries, elle baissera sa robe et tu ne verras plus rien.

— Alors nous passerons devant elle

et nous la regarderons. Puis nous saurons où elle demeure.

— C'est bien utile.

— Qui sait!

— Allons! suivons-la puisque cela t'amuse et que nous n'avons rien à faire.

Edmond et Gustave hâtèrent le pas et rejoignirent bientôt la jeune fille et le vieux monsieur.

Ce dernier une fois entré dans le jardin des Tuileries, n'ayant plus à craindre les voitures ni pour lui ni pour sa jeune compagne, arbora ses lunettes, et tirant un journal de sa poche, se mit à le lire en marchant tout doucement dans la direction du Pont-Royal.

Sa fille avait fermé son ombrelle et marchait à côté de lui.

De Péreux et Daumont suivaient, faisant leurs commentaires.

— C'est peut-être la femme de ce bonhomme, disait Edmond.

— Es-tu fou?

— On a vu des vieillards épouser de toutes jeunes filles.

— On voit bien que celle-là n'est pas une femme mariée.

— A quoi voit-on cela?

— A tout, mon cher ami; elle n'a ni la mise, ni l'âge, ni la tournure d'une femme mariée.

— Quoi qu'il en soit, elle doit être charmante. Passons-nous un peu devant pour la voir?

— Passons.

Les deux jeunes gens marchèrent un peu plus vite, et quand ils furent de quelques pas en avance sur les deux promeneurs, ils se retournèrent comme des gens qui veulent voir les personnes qui viennent derrière eux.

Le mouvement et l'intention n'échappèrent pas à la jeune fille, qui baissa les yeux, mais sans pruderie affectée et simplement pour ne pas regarder deux hommes en face.

— La jolie personne ! murmura Edmond.

— En effet, fit Gustave, elle a une tête adorable, de grands yeux, des cheveux superbes.

— Eh bien ! es-tu fâché de la suivre?

— Non ; mais avoue que cela ne nous sert pas à grand'chose.

—Cela nous sert à voir une jolie femme, occupation qu'il ne faut pas déprécier.

Et malgré lui Edmond se retourna encore.

Cette fois la belle enfant rougit. Cette insistance l'embarrassait.

Le vieux monsieur, plongé dans son journal, ne voyait rien de tout cela.

— Ne la regarde pas si souvent, dit Gustave à son ami, cela pourrait lui déplaire.

— Tu as raison; repassons derrière elle, elle ne saura pas que nous la suivons, et nous pourrons la voir tout à notre aise. Pourvu qu'on ait arrosé les quais et qu'elle demeure très-loin!

Edmond et Gustave s'arrêtèrent,

mais de telle façon que celle qu'ils suivaient comprit tout de suite pourquoi ils s'arrêtaient, et quoiqu'elle ne les vît plus et qu'elle ne les entendît pas, elle était sûre qu'ils marchaient derrière elle et pour elle.

Rien n'empêchera une femme de deviner ces choses-là.

Elle se sentait suivie, mais elle eût voulu s'en assurer.

Était-ce par coquetterie?

Certes, non; c'était tout au plus par curiosité et par ce petit sentiment de vanité qu'ont toutes les jeunes filles, et que flatte d'autant plus un hommage qu'il est plus indirect.

Une femme est rarement fâchée qu'on la suive, surtout quand elle sait, comme celle dont il est question ici, qu'elle n'a autorisé en aucune façon cette indiscrète galanterie, et qu'elle a affaire à des hommes du monde incapables d'une tentative imprudente ou de mauvais goût.

Notre héroïne ne raisonnait peut-être pas autant que nous venons de le faire ; mais ce que nous pouvons assurer, et ce que nous répétons encore, c'est que la curiosité des deux jeunes gens ne lui déplaisait pas.

Les jeunes filles adorent ces petites aventures dont elles savent qu'elles n'ont rien à redouter, qui leur prouvent qu'elles sont femmes, qu'elles se racontent entre elles et qui donnent carrière à leur imagination quand elles sont seules, le soir, avec leurs pensées et leurs espérances.

Aussi notre héroïne désirait-elle fort savoir si les deux jeunes gens la suivaient toujours. C'était bien excusable de le désirer, mais aussi c'était bien difficile de le savoir.

Ce n'était pas qu'elle craignît que son père s'en aperçût, mais elle ne voulait pas que les deux jeunes gens devinassent sa curiosité et en tirassent un augure quelconque.

Après avoir longtemps réfléchi, elle ôta tout doucement un de ses gants et le laissa tomber, puis elle fit encore quelques pas, comme si elle ne se fût pas aperçue de cette perte, qu'avaient remarquée Edmond et Gustave, mais à laquelle ils ne prêtaient aucune intention.

—Quelle belle occasion! fit Edmond; et quittant le bras de son ami, il courut ramasser le gant au moment où la jeune inconnue allait faire semblant de s'apercevoir qu'elle l'avait perdu, jugeant assez long le temps écoulé.

— Mademoiselle, dit-il en s'approchant d'elle, en la saluant, en lui remettant l'objet tombé et en la dévorant du regard, voici un gant que vous venez de perdre.

—Merci, monsieur, balbutia la jeune fille en rougissant et en baissant les yeux, et elle reprit son gant.

Le vieillard voyant sa fille causer avec quelqu'un, s'arrêta, regarda et dit :

— Qu'est-ce que c'est?

— Mon père, répondit la jeune demoiselle, c'est monsieur qui a eu la bonté de ramasser et de me rendre mon gant que j'avais laissé tomber.

Le vieillard remercia Edmond sans même le regarder, et reprit la lecture de son journal.

Après ce petit incident, Edmond alla rejoindre Gustave qui lui dit:

— Eh bien! es-tu content?

— Enchanté, mon cher; cette petite fille est ravissante, et je ne sais pas si je me suis trompé, mais il m'a semblé que ce que j'ai fait ne lui a pas été désagréable.

— Tu faisais une chose toute simple.

— Je n'en ai pas moins le cœur qui bat.

— Fou que tu es. Maintenant retournons chez toi.

— Point du tout, je veux savoir où elle demeure.

— Tu veux la suivre encore?

— Je ne m'arrêterai pas en si beau chemin.

— Après ce qui vient de se passer, il sera inconvenant que tu continues le même chemin qu'elle.

— Qui le saura?

— Elle.

— Comment?

— Avant dix minutes elle aura trouvé moyen de se retourner. Je sais bien ce que sont les petites filles.

— J'aime autant qu'elle sache que je la suis.

— Cela ne te servira à rien.

— On ne sait pas ce qui peut arriver.

—Tu ne te présenteras pas chez elle.

— Non.

--- Tu ne lui écriras pas.

— Non ; mais je saurai où elle habite. Je rôderai dans les environs et sans que j'aie besoin de lui parler ni de lui écrire, à force de me rencontrer sur son chemin, elle comprendra que je suis amoureux d'elle, et ce sera toujours un antécédent.

Puis j'aime les amours platoniques. Un jour elle se mariera, sans aucun doute. Un mari n'est pas comme un père, une femme n'est plus comme une jeune fille; alors je me ferai présenter et lui ferai ma cour.

— Diable! tu vois les choses de loin, toi.

Pendant ce temps, le père et sa fille étaient sortis des Tuileries et avaient pris le Pont-Royal, où passe toujours beaucoup de monde. La belle enfant pensa qu'elle pouvait tourner un peu la tête au milieu de tous ces passants, sans courir le risque que ce mouvement fût vu. Elle regarda donc rapidement en arrière, et vit à vingt pas environ ses deux persécuteurs, à qui sa curiosité n'échappa point

— Elle a regardé, fit Edmond.

— Je t'avais bien dit qu'elle regarderait, répondit Gustave.

— Mais, mon cher, il n'y aurait rien d'étonnant qu'elle fût mariée.

— Avec ce vieux!

— Non, puisqu'elle l'a appelé mon père, mais avec un autre. Il y a des femmes de son âge qui sont déjà mariées depuis un an. Du reste, nous le saurons bien.

Les deux amis passèrent leur temps à faire des suppositions, et Edmond, se trompant au regard que la jeune fille avait eu pour lui en le remerciant, bâtissait dans son imagination une foule de probabilités très-flatteuses à son endroit, mais que par cela même il n'osait communiquer à son compagnon.

Hâtons-nous de dire cependant

qu'Edmond n'était aucunement fat, et qu'il était au contraire, en amour, d'une timidité et d'une inexpérience remarquables.

Or, quand on ne se connaît pas en amour, on peut faire autant de suppositions que ceux qui s'y connaissent trop.

Le vieux monsieur et sa compagne avaient pris la rue du Bac, l'avaient longée pendant quelque temps, étaient entrés à gauche dans la rue de Lille, et s'y étaient arrêtés au n° 18.

Au moment de franchir la porte de cette maison, la jeune fille avait de nouveau regardé de côté, le plus imperceptiblement possible, et elle avait de nouveau aperçu les deux jeunes gens.

— Que vont-ils faire maintenant? pensa-t-elle.

Et comme, elle aussi, ne se connaissait pas en amour, elle commença à craindre que l'histoire du gant ne fût une grande légèreté et qu'elle n'eût commis là une dangereuse faute.

II

UN MOYEN D'AMOUREUX.

—

— Elle est entrée au n° 18, dit Edmond à Gustave.

— Te voilà content?

— Oui, mais je tremble.

— De quoi?

— Qu'elle ne demeure pas là. Il est

de très-bonne heure. Elle vient peut-être déjeuner là avec son père?

— C'est bien possible.

— Comment faire pour le savoir?

— Tu y tiens donc absolument?

— Oui, j'y tiens.

— Demande-le alors.

— Mais si elle allait redescendre pendant que je causerai avec le portier?

— Elle te verrait, voilà tout, et le père te reconnaîtrait peut-être.

— Ah! le père ne me reconnaîtrait pas; il ne m'a pas même regardé quand j'ai remis le gant à sa fille.

— Ma foi! entrons, nous n'en mourrons pas.

Les deux jeunes gens s'avancèrent vers la maison, car ils s'étaient arrêtés pour se dire ce que nous venons de rapporter.

Pendant ce temps, il y avait derrière une persienne fermée une petite tête qui surveillait nos deux jeunes gens, et qui ne put réprimer un mouvement de surprise quand elle les vit se diriger vers la porte de la maison et y entrer.

— J'ai un moyen, fit tout à coup Edmond, après avoir regardé autour de lui.

— Lequel?

— Tu vas le voir.

— Madame, dit-il à la portière, vous avez un appartement à louer?

— Oui, monsieur.

— Sur le devant ou sur le derrière?

— Sur le devant.

Après s'être fait donner les détails d'étage, de composition et de prix, Edmond ajouta :

— Cela me conviendrait parfaitement; veuillez me montrer cet appartement, madame.

Il espérait rencontrer encore la jeune fille, mais l'escalier était désert. Il se résigna tout simplement à questionner.

— N'est-ce pas ici que demeure un vieux monsieur qui a une fille? demanda-t-il à la portière tout en ayant l'air de visiter l'appartement qu'il ne regardait même pas.

— M. Devaux, dit la portière.

— Je crois bien que c'est ce nom-là.

La fille peut avoir de seize à dix-sept ans; elle s'appelle Juliette, je crois.

— Non, monsieur, elle s'appelle Antonine. Elle est rentrée il y a quelques instants avec son père.

— Je me souviens maintenant, c'est bien Devaux qu'il s'appelle. Sa femme est morte, n'est-ce pas? ajouta Edmond au hasard.

— Oui, monsieur, il y a deux ans.

Edmond lança à Gustave un regard qui voulait dire : Ce que je fais là ne te semble-t-il pas très-adroit?

— Cette pauvre madame Devaux!... reprit Edmond.

— Si vous voulez monter, continua la portière, c'est au second étage.

— Non, non, je craindrais de le déranger; mais je serais heureux de demeurer dans la même maison que lui. Que fait-il à présent?

— Il est toujours médecin.

— Ah! vraiment... Je le croyais retiré.

— Il demeure justement sur le carré.

— Eh bien! madame, cet appartement est très-convenable, dit Edmond qui, sachant tout ce qu'il voulait savoir, ne demandait plus qu'à s'en aller, et je viendrai demain vous donner la réponse.

La portière fit encore remarquer quelques-uns des avantages de la localité, et nos deux amis quittèrent la maison en lui promettant de revenir le lendemain.

— Cette brave portière, dit Edmond à Gustave, quand ils furent dehors, elle n'y a vu que du feu.

— Oh! tu es un grand diplomate et te voilà bien avancé.

— Certes; tu n'as donc pas entendu ce qu'elle a dit?

— Je n'y ai pas prêté grande attention.

— Ce M. Devaux est médecin.

— Eh bien!

— Eh bien! cela me fait une entrée chez lui.

— De quelle façon?

— Je viendrai lui demander une consultation.

— Pour qui?

— Pour moi.

— Mais tu n'es pas malade.

— Qu'est-ce que cela fait, j'inventerai une maladie.

— Tu prends donc cette aventure au sérieux?

— Parfaitement, et je ne l'abondonnerai que quand il me sera démontré que je perds mon temps.

— Alors, tu l'abandonneras bientôt, car cette petite fille doit être très-honnête, très-surveillée par son père, et peu disposée à se faire faire la cour.

— Je ne m'occupe pas de l'avenir. Elle est charmante, elle me plaît. Je trouve un moyen de la voir, car j'espère bien qu'à force d'aller chez son père, je la rencontrerai, et elle devinera certainement ce qui m'y fera venir; j'en deviens ou je n'en deviens pas amoureux; mais, en tous cas, il en résulte une distraction pour moi, et comme je n'ai rien à faire, je saisis aux cheveux cette douce occupation. Ai-je tort?

— Point du tout.

Tout en causant ainsi, Edmond et Gustave s'étaient éloignés de la maison, non sans se retourner plusieurs fois.

Mademoiselle Antonine n'avait pas quitté son poste d'observation.

Tout le monde connaît les tendances romanesques des jeunes filles; nous n'avons donc pas besoin d'expliquer la préoccupation qui résulta tout naturellement pour elle de la rencontre du matin.

Elle se perdait en conjectures, en questions qu'elle se faisait à elle-même, se demandant en outre quelles choses les deux jeunes gens avaient pu dire à la portière. Du reste, cela n'était point difficile à savoir, et elle trouverait bien le moyen de l'apprendre.

Il faut bien que les jeunes filles passent leur temps et emploient leur imagination à quelque chose.

Pendant les deux années qui suivent la sortie du pensionnat et qui précèdent le mariage, de seize à dix-huit ans enfin, elles se préoccupent fort de cette grande question de l'amour sur laquelle elles se trompent presque toujours la première fois qu'elles l'abordent. Tout, même pour les plus chastes, devient prétexte à rêverie et sert de base à ces charmants châteaux de cartes qu'elles bâtissent dans leur jeune ignorance et qui s'écroulent au moindre souffle. Courtes espérances et courtes déceptions qui n'attaquent pas le cœur et qui ne sont que les rêves de l'âme qui s'éveille.

Demandez à l'épouse la plus vertueuse combien de noms, avant son mariage, ont doucement résonné à son oreille, et elle vous avouera toujours trois ou quatre de ces passions que, pendant un jour au moins, elle a cru devoir être éternelles, et dont elle rit de bien bon cœur quand, par hasard, elle se retrouve dans le monde avec ceux qui les lui avaient inspirées.

Que d'ombres passent devant ce pur miroir qu'on appelle une jeune fille, s'y reflètent un instant, et disparaissent sans laisser la trace de leur passage !

La tradition des petits cousins est toujours là.

On ne s'étonnera donc pas que l'insistance des deux amis occupât un peu Antonine Devaux.

— Pas plus tard que demain, disait Edmond, j'irai voir le père d'Antonine.

— Tu l'appelles déjà Antonine tout court?

— C'est qu'en vérité elle est adorable. Quels jolis petits pieds, quelle douceur, quelle distinction! Il y a des choses que je comprends, moi.

— Lesquelles?

— Je comprends qu'on devienne amoureux à première vue, comme dans les romans du dix-huitième siècle.

— C'est possible; mais alors c'est un amour de courte durée.

— Pourquoi?

— Parce qu'alors on n'est amoureux que par les yeux et que l'amour lui-même a besoin de raisonnement. C'est par la comparaison, par le détail et non par l'ensemble du premier coup d'œil que les amours sérieuses naissent et se développent.

— Il n'en est pas moins vrai que si d'ici à ce soir je pouvais demander mademoiselle Devaux en mariage, l'obtenir et l'épouser, je l'épouserais.

— Cela ferait un beau ménage!

— Que veux-tu? je suis ainsi fait.

— Dans deux jours tu ne penseras plus à mademoiselle Devaux.

— Je crois que tu te trompes.

— Que de fois je t'ai entendu parler comme aujourd'hui!

— C'est vrai, mais ce n'était pas pour des femmes comme celle-ci. C'était pour des femmes qui avaient déjà une expérience approfondie de l'amour, tandis qu'aujourd'hui il est question d'une jeune fille qui n'a pas encore aimé.

— Qu'en sais-tu?

— C'est probable.

— Il n'y a rien de probable avec les femmes.

— En tous cas, je le saurai. Ce qui me ferait penser que cette impression sera de plus longue durée que tu ne le crois, c'est que, quoique j'aie vu bien des jeunes filles du même âge que mademoiselle Devaux, et peut-être plus jolies qu'elle, jamais je n'ai ressenti pour aucune ce que je ressens pour elle.

— J'aime mieux Nichette.

— Nichette est charmante fille; mais je ne pense pas que tu aies la prétention de la comparer à Antonine.

— Nichette est une femme comme il en faut une à un garçon de ton âge, gaie, jolie, spirituelle, bonne fille. Si tu deviens amoureux de mademoiselle Antonine, car il est impossible que tu le sois déjà, il ne peut arriver que trois choses : qu'elle devienne ta maîtresse, ou qu'elle devienne ta femme, ou qu'elle ne veuille de toi ni comme amant, ni comme mari.

Dans tous les cas, il en résultera pour toi un ennui, si ce n'est un malheur.

Si elle devient ta maîtresse, ce qui est peu probable, non pas seulement à cause de la vertu qu'elle peut avoir, mais à cause de la surveillance dont elle doit être entourée, tu souffriras de ne pouvoir la voir que rarement; tu auras à vaincre des difficultés sans nombre, tu auras à te reprocher d'avoir détourné de ses devoirs une honnête enfant, et le jour où, fatigué de tout cela, tu voudras rompre avec elle, tu ne le pourras faire sans être un malhonnête homme.

Si elle devient ta femme, tu t'apercevras inévitablement un jour que tu as fait une folie, car ce sera toujours une folie d'épouser une femme, veuve ou vierge, parce qu'en relevant sa robe pour ne pas se salir, elle aura laissé voir qu'elle a de jolies jambes. Si enfin tu ne réussis pas, tu deviendras, avec le caractère sentimental que je te connais, un insipide pastiche de Werther, type fort beau dans un roman, mais fort ennuyeux dans la vie. Renonce donc tout bonnement à cette plaisanterie, et n'en parlons plus.

Tu as vu passer une jolie fille qui a

des petits pieds et la jambe bien faite; tu l'as suivie, tu lui as ramassé son gant, tu sais son nom et son adresse, qu'est-ce que tu veux de plus, et quelle ridicule idée as-tu de vouloir attacher quelque chose de grave à cet enfantillage?

— Mon cher Gustave, je suis de ceux qui croient que tout est dans peu. Je suis fataliste, et je suis convaincu que les grands événements de notre vie sortent des plus petits hasards. Rien n'est inutile dans notre destinée.

Combien de gens, en redescendant dans leur passé, retrouvent des petits incidents aussi indifférents en apparence que celui de ce matin, et s'aperçoivent qu'ils ont joué un rôle impor-

tant dans leur existence! Je suis jeune;
je n'ai rien à faire; j'ai de la fortune;
je suis guidé par mes sentiments plus
que par ma raison, je le sais ; mais je
suis honnête homme, je ne crains donc
pas de me laisser entraîner au delà des
premières limites du loyal et du juste,
et je me suis promis de laisser aller ma
vie au courant des circonstances, qu'elles me mènent au calme ou à la tempête.

Je ne dis pas que j'aime mademoiselle Antonine; mais je dis que de toutes les choses que je pourrais faire,
celle qui me sourit le plus est de m'occuper d'elle, et je m'en occupe; que
cette occupation me mène à l'amour
ou à l'indifférence, au plaisir ou au
chagrin, peu importe!

— Qu'il n'en soit plus question. Après tout, il ne peut pas résulter de cela un grand malheur. Nous sommes en été, tu peux rêver sous les fenêtres de ta belle sans même courir le risque de t'enrhumer; rêve, mon ami, et si ton aventure prend des proportions et que je puisse t'être utile à quelque chose, pense à moi.

Les deux amis échangèrent une poignée de mains, et jusqu'à ce qu'ils fussent arrivés chez la mère d'Edmond, qui demeurait rue des Trois-Frères, il ne fut plus parlé de mademoiselle Devaux.

Arrivé à la porte de la maison de madame de Péreux, Gustave prit congé d'Edmond.

— Tu ne montes pas voir ma mère? lui dit celui-ci.

— Non, je n'ai pas le temps.

— Où vas-tu donc?

— Je vais voir Nichette, que je n'ai pas vue depuis deux jours.

— Quand te verrons-nous?

— Ce soir, sans doute.

— A ce soir, donc.

Ils se serrèrent la main et se séparèrent.

III

UNE JEUNE MÈRE.

Edmond passa sous un large péristyle, prit un grand escalier qui se trouvait à droite, monta deux étages, sonna à une double porte et demanda au domestique qui vint ouvrir :

— Ma mère est-elle chez elle ?

— Oui, monsieur, répondit le domestique.

Edmond traversa un vaste appartement très-élégamment meublé et entra dans un boudoir; vrai boudoir de femme, tendu d'une riche étoffe de soie, ombreux et frais, orné de tous les accessoires inutiles, tels que chinoiseries, fleurs et porcelaines, et dont les habitudes des femmes élégantes ont fini par faire des choses indispensables.

Auprès de la fenêtre ouverte, une femme était assise dans une longue causeuse, et, penchée sur son métier, faisait de la tapisserie.

Cette femme avait trente-neuf ans et en paraissait trente-cinq au plus.

Elle était fort belle encore, ressemblait à Edmond, mais avait plutôt l'air de sa sœur que de sa mère.

Elle était mise avec une certaine coquetterie, était vêtue d'une charmante robe de mousseline, et coiffée d'un de ces adorables petits bonnets faits de dentelles et de rubans, et que les femmes font tenir sur leur tête on ne sait comment.

Quand Edmond entra, madame de Péreux leva sur lui des yeux pleins de douceur, et un sourire de joie illumina son visage.

Il y avait plus que de la tendresse, il y avait presque de l'amour dans ce sourire.

Nous allons essayer de faire bien

comprendre ce que la mère et le fils étaient l'un pour l'autre.

Madame de Péreux s'était mariée jeune, à seize ans. A dix-sept ans, elle avait eu un fils qui était Edmond, et elle n'avait que vingt ans quand M. de Péreux mourut.

Madame de Péreux avait aimé son mari d'abord par devoir, puis par habitude, puis par affection. Elle le pleura sincèrement quand il mourut, et, contrairement aux jeunes veuves, ne songea ni à un nouveau mariage, ni à user de la liberté que lui donnait son veuvage. Elle était belle cependant, fort belle même, et les prétendants ne manquaient pas. Mais les prétendants furent repoussés.

Cependant à l'âge qu'avait madame de Péreux, il faut toujours que ce besoin d'amour que Dieu a mis dans tous les cœurs jeunes et nobles se porte sur quelque chose, sinon sur quelqu'un. Edmond occupa le cœur tout entier de sa mère.

Edmond était frêle. Il avait trois ans, il avait besoin des soins les plus maternels, et madame de Péreux se donna toute à lui, et cela sans sacrifice, sans effort même. L'enfant fut élevé et grandit à la chaleur de cette tendresse continue, et n'ayant pour ainsi dire jamais connu que sa mère, il reporta sur elle seule la double affection que la nature a mise dans l'âme des enfants pour ceux qui leur ont donné le jour.

Madame de Péreux renonça au monde, ou du moins au monde des salons et des bals.

Un petit cercle d'amis, aimés de son mari, et consultés souvent sur l'éducation qu'il fallait donner à Edmond, formait toute sa société.

L'enfant grandit ainsi.

Quand il eut quinze ans, comme nous l'avons vu dans le premier chapitre de cette histoire, elle céda aux sollicitations de ses conseillers et mit son fils au collége, afin qu'il prît quelque peu, dans la société complète des hommes, une teinte plus sérieuse de la vie.

Les soins dont la jeune mère poursuivit son fils jusqu'au collége sont indescriptibles.

Elle venait le voir presque tous les jours, et se sentit pleine de reconnaissance et d'affection pour Gustave, quand Edmond lui apprit de quelle protection ce nouveau camarade l'entourait.

De cette éducation première et toute féminine était né dans l'âme du jeune homme un grand besoin d'expansion, de sympathie, de confiance, qu'il voua entièrement à sa mère. Joignez à cela une certaine sentimentalité native, une mélancolie naturelle, une poésie innée qui faisaient d'Edmond un être doux et charmant, l'âme d'une femme sous l'enveloppe d'un homme.

Il aimait sa mère, comme sa mère l'aimait, c'est-à-dire qu'il voyait en elle autre chose que la femme qui l'avait mis au monde. Outre qu'il se rappelait les soins assidus dont elle l'avait entouré, quand il fut en âge de raisonner la vie, il comprit l'énorme sacrifice qu'elle lui avait fait en consentant, jeune, belle et riche comme elle l'était à la mort de son mari, à consacrer sa vie à l'éducation d'un enfant.

Aussi, à cette époque de la vie où l'homme se sent dans le cœur un vague besoin d'aimer d'autres êtres que les parents, Edmond, qui l'éprouva comme tous les hommes, sentit son cœur prendre, dans un autre sens pour ainsi dire, un nouvel élan vers sa mère.

En effet, cette mère, qui était encore toute jeune, qui était belle, qui n'aimait que lui, qui eût pu être sa sœur, et qui pouvait encore inspirer l'amour, devint la confidente des premières impressions de son fils.

Tout naturellement et sans honte, il la questionna sur ce qu'il ressentait, et elle lui expliqua.

L'intimité du fils et de la mère s'accrut de ces confidences, et Edmond se mit à aimer madame de Péreux un peu comme il eût aimé une femme inconnue, et qui la première aurait fait battre son cœur. Elle, de son côté, était fière de la beauté et des nobles sentiments de son fils, sentiments et beauté qu'il lui devait; et ce grain d'amour terrestre qui reste toujours au fond de la femme se mêla à son affection maternelle et lui prêta un charme nouveau.

Ainsi, il y avait des jours où vous auriez pris la mère et le fils pour une femme et son amant, tant il y avait de douceur, de confiance, de sollicitude, de tendresse dans leurs entretiens.

Souvent Edmond se couchait aux pieds de madame de Péreux qu'il ne pouvait s'empêcher d'admirer; il posait sa tête sur ses genoux et causait avec elle pendant des heures entières de sa jeunesse, lui faisant des compliments comme il en eût fait à sa maîtresse, lui tenant les mains, l'embrassant. Il exigea que sa mère allât dans le monde.

Il était fier d'elle, il la montrait, C'était plus que de l'amour, c'était de la dévotion qu'il avait pour madame de Péreux.

Aussi, comme le lecteur a pu le remarquer, lorsque Gustave voulait l'empêcher de faire quelque chose, il n'avait qu'à lui dire ces mots magiques :

« Cela ferait de la peine à ta mère. »

Longtemps ce besoin d'aimer ne se manifesta chez Edmond que par une exagération de sensibilité, et sa mère lui suffisait alors; mais il arriva un moment où il s'aperçut que c'était à d'autres femmes qu'il lui fallait demander le complément des sensations qu'il ignorait encore.

Madame de Péreux s'aperçut bien

vite de ce qui se passait dans l'esprit d'Edmond; car il était devenu un peu plus rêveur et avait honte de ces pensées nouvelles; car en s'y livrant il lui semblait qu'il volait sa mère. Ce fut alors que la jeune femme, dont la protection avait une limite, confia Edmond à Gustave et le lui recommanda.

« Surveillez mon fils dans ses premières liaisons, lui dit-elle; je sais combien vous l'aimez et quelle déférence il a pour vous. Rappelez-vous que sa santé est faible, que son âme est tendre: enfin souvenez-vous toujours combien je l'aime. Je n'ai pas autre chose à vous dire. »

Gustave avait promis, et de grand cœur, ce qui lui était demandé, et son amicale surveillance avait commencé.

Indiquons en passant que Gustave, nature ardente et vigoureuse, avait été pendant six mois amoureux fou de madame de Péreux, à laquelle, bien entendu, il n'avait jamais parlé de cet amour qui avait pris naissance au collége même; mais quoique cet amour eût disparu, il lui était resté dans l'âme un dévouement et une religion profonde pour cette femme qui, la première, avait troublé ses sens.

Il lui restait de ce premier amour à peu près ce qui reste d'un parfum qui s'est usé tout seul. L'œil ni la main ne le retrouvent plus; mais on le sent toujours, plus doux peut-être encore depuis qu'il n'existe plus visiblement.

IV

LES QUATRE ROSIERS.

C'était donc une touchante affection de part et d'autre. La mère faisait maintenant place à la femme, comme quinze ans auparavant la femme avait fait place à la mère. Il n'y avait ni soupçons ni reproches dans la tutelle de madame de Péreux : il n'y avait ni ennui ni crainte dans l'obéissance de son fils. Quand Edmond avait été majeur, sa mère avait voulu lui rendre des comptes de la fortune de son père, mais il l'avait doucement grondée en lui disant :

« Voici la première fois que tu doutes de moi. »

L'hiver, ils allaient au bal ensemble, Edmond prenait plaisir à voir danser sa mère, qui, de son côté, recueillait avec bonheur les éloges qu'on lui faisait de son fils. L'été, ils allaient à la campagne. Ils se promenaient le soir comme deux amoureux, montaient à cheval et recevaient du monde.

Enfin, madame de Péreux, qui n'avait jamais vécu de la vie extérieure, avait l'âme du même âge qu'Edmond.

Quelquefois Edmond s'était mis à pleurer tout à coup, à l'idée qu'un jour sa mère vieillirait et viendrait à mourir. Il se demandait alors ce qu'il ferait de lui.

Les choses étaient et avaient toujours été ainsi. Edmond rentra donc chez lui, après avoir fait la rencontre d'Antonine.

Comme on a pu en juger par quelques paroles de notre héros, il était facile de voir que, malgré son éducation féminine, il avait fait connaissance avec certaines choses de la vie. Il avait contracté des liaisons que sa mère avait vues avec plaisir ; car il y a une chose que nous devons faire remarquer ici, c'est la facilité avec laquelle les mères les plus vertueuses, non-seulement acceptent et comprennent, mais encore encouragent quelquefois les amours de leurs fils. Combien de mères ont dit à leur fils devenu un homme, et pour le faire, autant que possible, échapper aux débauches communes aux jeunes gens : « Fais la cour à madame telle ou telle; c'est une femme mariée qui ne te compromettra pas. » Le monde est plein de ces oppositions-là.

Edmond avait passé par cette phase prévoyante. Gustave, lui, aimait la femme, comme nos pères du dix-huitième siècle l'aimaient, un peu à la façon de Désaugiers, gaie, avenante, spirituelle, à côté de vins généreux entre une table et un lit. Ce n'était guère que chez les grisettes qu'il pouvait trouver ce qu'il aimait. Edmond avait d'abord douté que ces femmes fussent intéressantes; mais il avait rencontré du cœur, du charme, de l'inattendu, chez elles. Il les avait trouvées plus naturelles que certaines femmes plus estimées, plus conseillées par le cœur que par le calcul. Il avait été le témoin de dévouements réels de leur part, et il avait alors conçu pour elles de l'estime et de la sympathie. Nichette surtout, par un incident que nous raconterons bientôt, avait fait une forte impression sur son esprit, et avait acquis son amitié à la classe si souvent calomniée dont elle faisait partie.

Edmond avait raconté cette histoire à sa mère, à qui il racontait tout. Elle l'avait écoutée les larmes aux yeux et en avait voulu connaître l'héroïne. Nichette était modiste; il avait donc été facile de trouver un prétexte pour la faire venir chez madame de Péreux qui l'avait prise en affection, et qui, sans paraître avoir connaissance de sa liaison avec Gustave, causait quelquefois des heures entières avec elle, et lui donnait amicalement des conseils que la jeune fille écoutait avec déférence, car Gustave lui avait dit que madame de Péreux était une sainte, et elle croyait à tout ce que lui disait Gustave.

Du reste, nous pouvons faire connaître tout de suite à nos lecteurs de quelle charmante façon Daumont avait fait la connaissance de Nichette et ce qui l'avait si sincèrement attaché à elle.

Un jour, il y avait de cela dix-huit mois, à huit heures du matin environ, Gustave qui, comme vous le voyez, avait été matinal, se promenait au marché aux fleurs de la Madeleine. Quelques personnes faisaient leurs emplettes printanières, et une femme vêtue d'une jolie robe d'indienne, d'un petit chapeau de paille et d'un châle de mérinos, auquel ses hanches faisaient faire quelques plis, s'arrêtait devant toutes les boutiques, et chaque fois paraissait ne pas avoir trouvé ce qu'elle cherchait, car après un court examen elle se remettait à marcher, malgré les invitations des marchandes, ainsi exprimées : « Voyez, ma belle enfant, faites votre choix..... Que vous faut-il ? »

De loin Gustave voyait venir cette acheteuse difficile, et quand il fut près d'elle, il s'aperçut qu'elle était charmante. Elle avait de grands yeux bruns tirant sur le vert, cette douce nuance qui servait de rime à je ne sais plus quel poëte, quand il faisait un impromptu à la belle duchesse de Nevers. Elle avait une peau blanche comme le lait, le nez légèrement retroussé, la bouche rose comme une cerise, deux petites fossettes aux joues et un signe sur la joue gauche. Mais ce qu'elle avait de plus remarquable avec ses grands yeux et ses sourcils noirs, c'étaient des cheveux blonds comme le blé, dorés comme si un rayon de soleil les eût incessamment éclairés, et qui, frisés en boucles légères tout autour de sa tête, donnaient à cette tête une petite façon Watteau tout à fait originale.

Il y avait de la chatte dans la mobilité et dans la finesse de cette physionomie.

Gustave s'arrêta malgré lui pour considérer ce charmant visage. On eût dit un pastel détaché de sa toile et devenu vivant pour l'amour de quelque Pygmalion. Cette femme qui pouvait avoir dix-huit ou dix-neuf ans au plus, était toute petite, souriante, mutine, éveillée, coquette.

Comme d'hésitations en hésitations elle était arrivée aux derniers étalages du marché, elle se dit sans doute qu'il fallait se décider, et elle s'arrêta devant une marchande ni mieux ni plus mal approvisionnée que les autres.

Gustave s'arrêta aussi comme s'il voulait acheter quelque chose.

— Combien ce rosier? demanda la jeune femme en étendant sa petite main gantée vers un des pots de fleurs symétriquement rangés et avec une intonation de voix tout à fait harmonieuse.

— Quarante sous, répondit la marchande.

— Oh! que c'est cher! s'écria la grisette.

— C'est tout ce que nous avons de plus beau, ma belle enfant. Voyez-moi ces roses, et des boutons superbes, qui seront ouverts dans deux jours! Vous en avez pour tout l'été, avec ce rosier-là.

— Laissez-moi donc tranquille; il y a de la chaux dans le fond de votre pot. Il mourra dans quinze jours.

— Voulez-vous que je vous le dépote? De la chaux dans mes rosiers! A quoi pensez-vous, ma petite mère? Après cela, en voilà d'autres; mais je ne vous en réponds pas comme de celui-ci.

— Non, c'est celui-ci que je veux ; mais je ne veux pas y mettre quarante sous.

Gustave écoutait tout cela.

— Combien en donnez-vous, voyons?

— J'en donne vingt sous.

— Donnez-en trente et emportez-le.

— Non.

— Je vous assure, ma belle enfant, qu'à moins de trente sous, j'y perdrais.

— Alors je m'en passerai. Vous ne voulez pas?

— Impossible.

La jeune femme fit un pas pour s'éloigner.

—Mademoiselle, lui dit alors Gustave en ôtant son chapeau, voulez-vous me permettre de vous offrir ce rosier dont vous avez une si grande envie?

— Mais, monsieur, je ne puis pas accepter, puisque je ne vous connais pas, répondit en rougissant Nichette, qui cependant eût bien voulu avoir ce pot de fleurs.

— Eh bien! mademoiselle, nous ferons connaissance.

— Est-ce une condition?

— Point du tout; je ne vous demande rien que la permission de vous offrir ce rosier et d'autres fleurs, si d'autres fleurs vous plaisent.

Nichette regarda Gustave en souriant; la marchande lui fit signe de consentir.

— Payons-en chacun la moitié, dit Nichette.

— Non, répondit Gustave, je veux vous offrir ce rosier, cela ne me ruinera pas. Vous devez penser que je ne me croirai autorisé à rien en échange d'un rosier de quarante sous.

— Allons, j'accepte, fit Nichette. Donnez-moi votre rosier, la mère.

— A la bonne heure! fit la marchande. Et elle donna le pot à Nichette, qui le prit dans son bras.

— Je vais vous le faire porter chez vous, dit Gustave.

— C'est inutile.

— Laissez-moi le porter alors.

— Non, je veux le porter moi-même.

— Vous demeurez peut-être loin?

— Je demeure rue Godot.

— Vous permettrez que je vous accompagne?

— J'ai bien accepté votre bouquet, je puis bien accepter votre compagnie.

Les deux jeunes gens se dirigèrent en causant vers la rue Godot. Conversation de gens qui viennent de faire connaissance, curiosité de la part de l'homme, réserve de la part de la femme.

Arrivée à la porte de la maison où elle demeurait, Nichette dit à Gustave en lui tendant la main:

— Merci, monsieur, et elle s'apprêta à rentrer.

— Me permettrez-vous, mademoiselle, de venir quelquefois savoir de vos nouvelles? demanda Gustave.

— Oui, monsieur, quand vous voudrez ; je suis chez moi toute la journée, je travaille.

— Ainsi de deux heures à quatre?

— Vous me trouverez toujours.

— Et je demanderai?

— Nichette. Ce n'est pas mon nom, mais c'est ainsi qu'on me désigne, et je suis plus connue sous ce nom de chatte que sous mon nom véritable.

Gustave baisa la main de Nichette, qui courut prendre sa clef chez son portier, et qui remonta fort gaîment ses cinq étages.

Le lendemain, il vint la voir et la trouva faisant un chapeau, auprès de sa fenêtre ouverte, sur laquelle s'épanouissait majestueusement le rosier de la veille.

Nichette n'avait pas à la vertu autant de prétentions que la Rigolette de M. Eugène Sue. Elle était plus humaine. Elle avait eu des amours, pas beaucoup, mais elle en avait bien eu deux ou trois.

Elle ne le cacha pas à Gustave, qui se dit : Puisque d'autres ont réussi, il n'y a pas de raisons pour que j'échoue.

Nichette était charmante, mais elle ne savait jamais ce qu'elle voulait. A cette époque-là c'était un esprit d'oiseau sous la forme d'une femme. Elle aimait le spectacle, la campagne et les *Vendanges de Bourgogne*. Il n'y avait qu'une chose qu'elle n'aimât pas, disait-elle, c'étaient les amours longues et sérieuses. Son opinion était que l'amour était une agréable chose, mais elle le comparait aux robes, et pensait qu'il fallait en changer souvent.

— Eh bien! lui avait dit Gustave, je vous aimerai comme vous voulez qu'on vous aime, et je m'en irai le jour où vous ne voudrez plus de moi.

— Écoutez, faisons un marché, avait répondu Nichette avec cette douce voix et ces petites mines qui la caractérisaient, aimons-nous aussi longtemps que durera le rosier que vous m'avez donné. Il y a de la chaux dedans, mais je vous promets de l'arroser tous les matins.

La chose avait paru originale à Gustave, et il avait ratifié le traité.

Nichette était devenue sa maîtresse; mais six mois après, le rosier n'était pas encore mort et Nichette paraissait continuer la convention avec plaisir.

Gustave, nous devons le dire, avait pris une telle habitude de sa maîtresse, qu'il eût été fort peiné que le rosier mourût et que Nichette s'en tînt aux termes exacts du marché, c'est-à-dire qu'elle le mît à la porte une fois la dernière fleur morte.

Cependant cette longévité d'une plante brûlée par la chaux ne laissa pas que de l'étonner; aussi, un jour qu'il traversait le marché de la Madeleine en se rendant chez Nichette, il s'arrêta pour acheter un bouquet à la marchande qui avait vendu ce patriarche des rosiers.

— Vous rappelez-vous, lui dit-il, le rosier qu'une petite dame vous a marchandé un jour, et que je lui ai offert, un matin, il y a six mois environ?

— Oui, monsieur, répondit la marchande en reconnaissant Gustave.

— Eh bien! il vit encore.

— Alors, pourquoi donc cette petite dame m'en a-t-elle acheté quatre tout pareils depuis, en me disant que le premier était mort?

Gustave comprit tout. Pour être sûre que le rosier ne mourrait pas, chaque fois qu'il se dépouillait, Nichette le remplaçait par un autre. Quatre fois elle avait fait ce manége sans que Gustave s'aperçût de la supercherie.

Elle aimait son amant et tremblait qu'il ne la quittât.

Gustave courut chez elle et lui sauta au cou. Elle lui avoua la vérité, et depuis ce jour, à peine s'ils s'étaient quittés.

Gustave avait raconté ce détail à Edmond, et celui-ci avait demandé à connaître Nichette, pour laquelle il s'était pris d'une affection toute dévouée, affection qu'elle lui rendait bien, du reste.

V

CONFIDENCE.

Souvent Edmond venait causer des heures entières avec la jeune fille dans son petit appartement de la rue Godot, que Gustave enrichissait tous les jours de coquettes fantaisies. Elle travaillait continuellement, penchant sa tête à

droite et à gauche pour voir l'effet de
son travail, avec des petits mouvemens
de bergeronnette qui se mire
au bord d'une rivière.

Ses cheveux blonds bouclés tout
autour de sa tête lui faisaient comme
une couronne sous ces charmants bonnets
de tulle, de fleurs et de rubans
que Gustave exigeait qu'elle se fît, car
il avait un soin tout particulier de cette
tête blonde et rose.

Madame de Péreux pensait bien que
cette liaison ne serait pas éternelle ;
mais connaissant la réelle affection que
Gustave avait pour Nichette, elle avait
voulu, par une espèce de douce protection,
sanctifier cette preuve d'amour
que la jeune fille avait donnée au ca-

marade de son fils, et remercier Gustave de la bonne amitié qu'il avait vouée à Edmond.

Madame de Péreux était une femme trop pure pour n'être pas au-dessus des préjugés, et deux ou trois fois, toujours en paraissant ignorer les relations qui existaient entre elle et M. Daumont, elle avait reçu la jeune fille dans son intimité, de sorte que Nichette, à qui toute la délicatesse de la conduite de madame de Péreux était connue, se fût jetée au feu pour elle.

— Qu'as-tu fait ce matin? dit madame de Péreux à son fils quand il lui eut baisé la main, et que, selon la coutume de son enfance, il se fut assis à ses pieds sur un coussin.

— Rien, ma bonne mère, je me suis promené avec Gustave.

— Pourquoi n'est-il pas monté me voir?

— Parce qu'il va rue Godot; mais ce soir nous aurons sa visite.

— Qu'as-tu donc? ajouta madame de Péreux, tu as l'air préoccupé.

— Tu devines tout, ma bonne mère.

— Que t'arrive-t-il?

— Oh! sois sans inquiétude, rien de dangereux, une bien simple aventure.

— Conte-moi cela.

Madame de Péreux se remit à sa tapisserie et se prépara à écouter.

Edmond lui conta alors tout ce qui s'était passé le matin.

— Et cette jeune fille est jolie? demanda madame de Péreux.

— Charmante.

— Blonde?

— Brune.

— Elle va t'adorer quand elle va te connaître.

— Qui te fait dire cela, ma bonne mère?

— Il ferait beau voir qu'elle n'aimât pas mon Edmond!..... Mais pas d'imprudences, cher enfant.

— Quelles imprudences veux-tu donc que je fasse?

— Le sais-je, moi? Quand on est amoureux, on est toujours imprudent.

— Mais, ma chère mère, je ne suis pas encore amoureux.

— Tu es en chemin de le devenir.

— Et si je le deviens, m'en voudras-tu?

— Puis-je t'en vouloir de quelque chose, mon cher Edmond? Si tu aimes cette jeune fille et qu'elle t'aime, si elle est d'une famille honnête, tu la demanderas à son père, qui sera enchanté de te la donner, et au lieu d'un enfant j'en aurai deux. Seulement, il y en aura un des deux que j'aimerai toujours plus que l'autre.

— Comme tu arranges tout cela!

— Tout cela n'est-il pas possible? En effet, j'ai bien épousé ton père sans le connaître, pour ainsi dire; tu peux bien épouser une jeune fille qui te plaît.

— Que tu es bonne!

— Mais tu me conteras tout.

— Vous ai-je jamais caché quelque chose?

— Que vas-tu faire, maintenant?

— Demain, je me présenterai chez M. Devaux.

— Sous quel prétexte?

— Sous prétexte que je suis malade et que je viens lui demander une consultation.

A cette phrase, madame de Péreux pâlit visiblement.

— Qu'as-tu donc, ma mère? lui demanda Edmond.

— Rien, mon enfant, rien. Seulement j'aimerais mieux que tu eusses un autre prétexte.

— Pourquoi?

— Tu sais combien je suis superstitieuse.

— Ne crains rien, ma bonne mère, je me porte à merveille.

Madame de Péreux embrassa son fils; elle avait des larmes dans les yeux.

— Eh bien! voilà que tu pleures, maintenant..... lui dit Edmond en se mettant à genoux devant elle et en prenant ses mains dans les siennes. Pourquoi pleures-tu? T'ai-je fait de la peine?

— Je ne pleure pas, mon ami. Je songe seulement à la possibilité que tu te maries, et j'ai de la peine à me faire tout de suite à l'idée que tu aimeras plus ta femme que ta mère.

— Jamais, ma mère, tu le sais bien.

— Ne dis pas cela, enfant. Mais que tu sois heureux, de quelque façon que tu envisages le bonheur, c'est tout ce que je demande à Dieu.

Ce n'était pas cette pensée qui avait mouillé les yeux de madame de Péreux: car si elle eût dû l'émouvoir, elle l'eût émue dès le commencement du récit que lui avait fait son fils.

Quelles craintes avaient donc assailli tout à coup le cœur de la jeune mère!

Nous le saurons plus tard.

Elle fit tout ce qu'elle put pour qu'Edmond oubliât ce moment de tristesse. Elle se remit à son métier, changea la conversation et devint gaie.

Mais Edmond, qui connaissait le caractère de sa mère, vit bien que cette gaîté n'était par franche, et que quelque chose la préoccupait.

Le soir, madame de Péreux prit Gustave à part, et lui dit:

« Tâchez qu'Edmond n'aille pas demain chez M. Devaux. »

VI

INCIDENT.

Gustave passa toute la soirée chez madame de Péreux. Celle-ci pria son fils d'aller chercher un livre qu'elle voulait avoir, et elle l'éloigna ainsi pendant quelque temps, car elle voulait rester seule avec Daumont.

— Edmond vous a donc tout conté? demanda Gustave à la mère de son ami.

— Oui.

— Et il vous a dit qu'il se présenterait demain chez M. Devaux?

— Oui; c'est ce que je voudrais empêcher.

— C'est ce que j'ai voulu empêcher déjà, et sans doute pour les mêmes raisons que vous.

— Que vous êtes bon, Gustave, fit la jeune mère tendant sa main à Daumont, et que je suis heureuse que mon fils ait un ami comme vous! Vous avez compris combien cette visite me rendrait inquiète, n'est-ce pas? Vous savez que M. de Péreux est mort de la poitrine, et que depuis la naissance d'Edmond je tremble que mon fils ne soit atteint de ce mal qu'on dit héréditaire. Vous savez de quelle façon je l'ai élevé, quelle surveillance mon amour a exercée jusqu'ici. J'ai toujours caché à Edmond, qui se frappe facilement, la cause de la mort de son père. Je tremble que ce médecin ne surprenne ce que je crains d'apprendre, et que, dans ce qu'il lui ordonnera, mon fils ne devine d'où lui viennent ces langueurs, ces rêveries, ces malaises fréquents, dont je n'ai pas encore pu triompher, et qui ont été les premiers symptômes du mal dont est mort de M. de Péreux.

— Mais votre médecin, madame,

ne vous a-t-il pas tranquillisée sur la santé d'Edmond?

— Mon médecin m'a dit un jour, Edmond avait six ans à peine : «Prenez garde à la poitrine de cet enfant.» Depuis ce jour, voyant l'effet que ce conseil avait produit sur moi, il ne m'a plus rien dit.

— C'est que tout danger a disparu, madame. Les soins dont vous avez entouré Edmond ont détruit le principe du mal, si toutefois ce principe existait. Pendant trois ans que j'ai été, au collége, son camarade assidu, jamais je n'ai remarqué en lui aucun des symptômes que vous redoutez, et depuis cinq ans que nous sommes sortis du collége et que de son camarade je suis devenu son ami, rien ne m'a fait soupçonner qu'il pût être malade.

— Cependant vous venez de me dire que c'est pour les mêmes raisons que moi que vous avez voulu empêcher Edmond d'aller voir M. Devaux.

— Je connais vos terreurs maternelles, madame, et quoique je ne les partage pas entièrement, je sais aussi qu'Edmond est d'une santé faible, et je voulais, puisqu'il ignore cette faiblesse, éviter qu'un étranger la lui révélât. Ce M. Devaux peut être un butor, quoiqu'il ait une charmante fille, et sans préparation aucune dire à Edmond, soit que cela soit vrai, soit qu'il veuille avoir un client de plus :

Vous êtes très-malade. Avec le caractère impressionnable que je lui connais, Edmond se frapperait violemment et serait capable, n'étant pas malade, de le devenir pour ce seul mot. J'avais donc la même pensée que vous, madame, mais sans avoir les mêmes craintes.

— Vous voulez me rassurer, Gustave, et je vous en remercie ; mais ces craintes, vous les avez vous-même, car vous poursuivez mon fils d'une surveillance paternelle ; là où mon influence devait cesser a commencé la vôtre, et, grâce à vous, Edmond n'a aucun des défauts, aucune des habitudes même des hommes de son âge : il ne joue pas, ne fume pas, ne boit pas,

ne veille jamais. C'est à vous que je dois
tout cela, et je n'ai pas besoin de vous
dire quelle reconnaissance vous vous
amassez dans le fond de mon cœur.

— Savez-vous, madame, avec quel
mot magique j'empêche Edmond de
faire tout ce qui pourrait lui être nuisible?

— Non.

— Je n'ai qu'à lui dire: Cela ferait
de la peine à ta mère.

— Il m'aime donc bien?

— Jusqu'à l'adoration.

— Cher enfant! murmura madame
de Péreux, et moi aussi je l'aime. Seulement lui peut trouver autre part des
distractions que moi je ne trouve qu'en
lui. Là où il n'est pas, mon âme n'est

plus. Depuis vingt ans je n'ai vécu que pour lui. Vous comprenez donc mon épouvante à l'idée qu'il est affecté du même mal que son père, qui est mort avant d'avoir eu trente ans.

— Pour vous prouver, madame, combien je suis convaincu que vos craintes sont vaines, permettez-moi de vous donner un conseil.

— Dites, mon cher Gustave.

— Vous n'avez jamais questionné votre médecin sur Edmond?

— Jamais.

— Eh bien! à votre place, je le laisserais aller chez M. Devaux, et demain soir j'irais voir ce M. Devaux, et lui demanderais la vérité.

— Et s'il convainc mes incertitudes..... Oh! non, j'aime mieux douter. La vérité me tuerait. J'ai tellement peur que mes soupçons ne soient fondés, que si demain Edmond tombait malade, je n'oserais pas envoyer chercher mon médecin, dans l'appréhension qu'avec ce terrible sangfroid de la science, il ne me dît ce que malheureusement je ne puis cesser de croire.

— Eh bien! madame, je ferai mon possible pour qu'Edmond n'aille pas chez M. Devaux.

— Merci.

— Je ne vous promets pas de réussir, car je crois que sa résolution de continuer l'aventure de ce matin est bien prise.

— Enfin, essayez.

Quelques instants après Edmond rentra, rapportant le livre que sa mère lui avait demandé. Il rentra si gaîment que ce retour semblait donner un démenti à la conversation qui avait eu lieu en son absence.

— Tu as couru, lui dit sa mère.

— Oui.

— Tu es essoufflé.

— Point du tout, ma chère mère.

— Cela ne te fait donc pas mal de courir?

— Non. Voici ton livre.

— Merci, cher enfant.

Madame de Péreux embrassa son fils sur le front et lui prit les mains.

— Tes mains sont brûlantes, lui dit-elle.

— Elles sont toujours ainsi.

— Tu ne souffres pas?

— Je ne me suis jamais si bien porté. Tu sais bien, du reste, ma bonne mère, que je ne suis jamais malade.

Nous n'avons pas besoin d'expliquer le sentiment qui faisait, qu'après la conversation qu'elle venait d'avoir avec Gustave, madame de Péreux questionnait ainsi son fils.

— Je m'alarme trop vite, pensa-t-elle; et elle fixa ses yeux sur Edmond, dont elle étudiait le regard, le teint et la respiration.

Edmond était calme et joyeux, quoiqu'un peu pâle.

Gustave échangea un regard avec

madame de Péreux. Elle y répondit par un sourire qui signifiait :

« Vous avez raison. Je me trompe, sans doute. »

Quand, vers onze heures du soir, Daumont prit congé d'Edmond et de sa mère, il dit à celui-ci :

— J'ai à te parler sérieusement.

— Viens demain.

— Tu ne sortiras pas avant de m'avoir vu.

— Non. Pourvu que tu viennes de bonne heure.

— Je viendrai à midi.

— A midi, je t'attendrai.

Le lendemain, à neuf heures du matin, Edmond sortit après avoir laissé au domestique un mot ainsi conçu pour Gustave :

« Mon cher ami, hier au soir, en
« allant chercher un livre pour ma
« mère, j'ai couru jusque chez mon-
« sieur Devaux, et j'ai demandé à la
« portière à quelle heure il reçoit.
« Elle m'a dit qu'il reçoit de neuf
« heures à midi, et de trois heures à
« cinq.

« Je n'ai rien à faire en t'attendant ;
« je vais voir M. Devaux, et, à partir
« de midi, je serai à toi pour le reste
« de la journée. Tu comprends mon
« impatience. »

Edmond s'achemina vers la rue du Bac, se demandant tout le long du chemin si le motif qui l'amenait chez le docteur n'allait pas transparaître sous le prétexte qu'il allait prendre.

Que vais-je lui conter, se disait-il, quand il voudra savoir quelle maladie j'ai? Je lui dirai ce qui me passera par l'esprit, que j'ai des maux de tête, que je souffre des nerfs, que je tousse quelquefois; il m'ordonnera des tisanes et de l'exercice, et je viendrai tous les jours lui dire que je vais un peu mieux. Cela le flattera et me gagnera son amitié.

Cependant Edmond était ému, car il n'était pas coutumier de ces sortes d'aventures.

La grâce, la jeunesse, la décence, la beauté de mademoiselle Devaux avaient produit sur son imagination un effet rapide et plein d'un doux sentiment; comme Paul et Werther, il venait demander à un amour difficile, impossible peut-être, les douces émotions que les amours faciles lui avaient refusées et dont il sentait que son âme avait besoin.

Edmond ne l'avait pas dit à Gustave, car il y a des choses que l'on n'avoue que difficilement, même à ses amis les plus intimes; mais il cherchait l'amour bien plus dans l'idéal que dans le réel, dans l'espoir que dans la certitude, dans le rêve que dans la possession. La femme n'était pour lui qu'un texte poétique, que dans le silence de son âme il développait ingénument et qu'il parait de ses illusions.

L'amour d'une jeune fille était donc le seul amour qui pût lui donner ce résultat. Il restait à savoir si Antonine l'aimerait; mais en attendant qu'elle l'aimât, il se sentait dans l'âme toutes les conditions nécessaires pour devenir amoureux. Ce qu'il aimait en l'amour, c'était l'amour lui-même.

Deux affections emplissaient déjà son cœur: sa mère et Gustave; mais voilà qu'il avait senti que ces deux affections avaient besoin de se compléter par une troisième, dont elles ne pourraient, en aucune façon, être jalouses, puisque cette dernière ne serait pas de la même essence qu'elles.

VII

CONSULTATION.

—

Nous avons déjà dit que, malgré ce désir nouveau qui était venu depuis longtemps à Edmond, il n'avait pas encore aimé; c'est que, pour enfermer l'encens pur de son amour, il voulait un vase pur aussi. Bien des jeunes filles, nous le répétons, avaient passé devant ses yeux, mais aucune ne lui avait aussitôt produit autant d'effet qu'Antonine.

Pour lui, l'homme des impressions immédiates, cette rapidité était décisive.

Edmond arriva rue de Lille, et ce fut avec une émotion toute naturelle qu'il sonna à la porte du docteur.

Un domestique vint lui ouvrir.

— M. Devaux? demanda Edmond.

— Il est en consultation, répondit le domestique, mais si monsieur veut attendre quelques instants au salon, je viendrai le prévenir quand M. le docteur pourra le recevoir.

Edmond entra dans le salon, salon

froid, meublé à la façon de l'empire,
avec de grandes portes grises surmon-
tées de panneaux imitant les panneaux
de Boucher.

Une pendule représentant Socrate
buvant la ciguë, des candélabres à
griffes de lion, des fauteuils à tête de
sphynx, des gravures telles que Béli-
saire, Homère et Hippocrate refusant
les présents d'Artaxercès, un écran et
des coussins brodés à la main, sans
doute par mademoiselle Devaux, un
guéridon couvert de livres, un lustre
bronzé, une console entre les deux fenêtres et une autre entre les deux portes, supportant, celle-ci deux gros co-
quillages roses et des oiseaux-mouches,
empaillés, sur une branche d'arbre si-

mulée, celle-là un groupe biscuit représentant Apollon et ses sœurs, un tapis d'Aubusson à rosaces formaient l'ameublement de la pièce où se trouvait Edmond.

Comme vous le voyez, c'était l'ameublement traditionnel.

Le calme régnait dans ce salon. On eût deviné, en le voyant, qu'il n'était fréquenté que par des gens graves, qui, en en sortant, y laissaient comme une atmosphère de science et de solennité.

Un instant, Edmond espéra qu'Antonine par hasard, ou peut-être même par curiosité, se montrerait, mais il n'entendit aucun bruit et ne vit personne.

Cependant il était convaincu que

l'une des deux portes qui se trouvaient à sa droite et à sa gauche, en entrant dans ce salon, donnait dans la chambre de la jeune fille, et qu'à cette heure elle devait y être.

« Elle ne sait pas que celui qui la suivait hier est si près d'elle aujourd'hui, » pensait Edmond.

En cela, il se trompait; car Antonine, qui, la veille, l'avait vu entrer et qui ne doutait pas qu'il n'eût pris des informations sur elle chez la portière, avec laquelle il avait causé; Antonine, disons-nous, s'était fait donner, depuis ce moment la description de tous les gens qui s'étaient présentés chez son père.

Il n'y avait donc pas deux minutes

qu'Edmond était là que mademoiselle Devaux le savait déjà, et s'en assurait en regardant par le trou de la serrure de sa porte.

« Que vient faire ici ce jeune homme ? » pensait-elle ; et bien des fois elle eut l'envie d'ouvrir sa porte, afin de voir quel effet sa vue produirait, mais elle n'osa pas.

Il y avait dix minutes à peu près qu'Edmond attendait, lorsque le domestique vint le prévenir que M. Devaux était seul.

Edmond passa dans le cabinet du docteur, composé d'un grand bureau, d'une bibliothèque, d'un buste d'Hippocrate, d'une sphère, d'une table avec des instruments de chirurgie, de deux chaises, d'un fauteuil doublé de cuir, sur lequel était assis M. Devaux, d'un panier plein de papiers inutiles, d'une pendule en palissandre, de deux coupes du même bois et d'un porte-montre.

Une grande quantité de lettres étaient éparses sur le bureau.

M. Devaux était vêtu d'une grande robe de chambre, à la dernière boutonnière de laquelle figurait le ruban de la Légion d'honneur.

Quand Edmond entra, le docteur écrivait. Il fit asseoir le nouveau venu, passa sa jambe droite par-dessus sa jambe gauche, posa une de ses mains sur son genou, de l'autre consolida ses lunettes, salua Edmond après l'avoir étudié un instant, et lui dit :

— Monsieur, puis-je vous être bon à quelque chose?

— Monsieur le docteur, répondit Edmond un peu embarrassé, je n'ai pas l'honneur d'être connu de vous.

— En effet, monsieur, je ne vous ai jamais vu.

— Mais si vous ne me connaissez pas, votre grande réputation m'est connue, et voilà pourquoi je me présente à vous.

Monsieur Devaux s'inclina et dit :

— De quoi s'agit-il?

— C'est bien simple, monsieur, je suis malade ou plutôt souffrant, sans pouvoir déterminer ni l'endroit ni la cause du mal.

Le docteur regarda son nouveau client avec attention et lui dit :

— Souffrez-vous de l'estomac?

— Quelquefois.

— De la tête?

— De temps en temps.

Edmond répondait au hasard, et pour répondre quelque chose. M. Devaux continuait à l'examiner.

A ce moment, la curieuse Antonine venait coller son oreille à la porte pour essayer d'entendre ce qui se disait dans le cabinet de son père, tentative infructueuse, car elle n'entendit rien.

— Donnez-moi votre main, reprit le docteur.

Edmond retira son gant et tendit la main à M. Devaux.

Il ne pouvait s'empêcher de sourire à l'idée que le docteur prenait si sérieusement cette consultation.

— Vous n'avez jamais fait de grandes maladies? demanda le médecin.

— Non, monsieur.

— Êtes-vous quelquefois enrhumé?

— J'ai toussé.

— Éprouvez-vous des soifs fréquentes?

— Oui, répondit aussitôt Edmond enchanté de donner un détail vrai qui lui paraissait insignifiant.

— Vous avez une vie régulière?

— Oui, monsieur.

— Vous ne faites jamais d'excès?

— Jamais.

— Vous avez raison. Vous avez encore vos parents?

— Non, monsieur; mon père est mort.

— Savez-vous de quelle maladie?

— J'avais trois ans quand il mourut.

— Vous ne vous rappelez aucune des circonstances de sa mort?

— Aucune.

— Votre mère ne vous en a jamais parlé?

— Au contraire, elle a toujours évité de m'en entretenir; elle m'aime beaucoup et craint de m'attrister.

— Voulez-vous permettre que je m'assure de quelque chose? fit M. Devaux en se levant.

— Volontiers, répondit Edmond.

— Veuillez ôter votre habit, votre cravate et votre gilet.

Edmond obéit.

Alors M. Devaux écarta la chemise

d'Edmond, lui frappa deux ou trois fois sur la poitrine, posa quelques instants son oreille sur son dos, et l'écouta respirer.

— Votre sommeil est-il agité parfois? demanda le docteur.

— Oui.

— Vous devez vous réveiller de temps en temps couvert de sueur, comme on l'est après une longue course?

— C'est vrai.

— Jamais de crachement de sang?

— Deux ou trois fois.

— Des maux de cœur?

— Presque toujours quand je me réveille.

— Votre mère est-elle informée de ces petites indispositions?

— Non, je les crois sans gravité, et elle s'en alarmerait si elle en avait connaissance.

— En effet, reprit M. Devaux, il n'y a rien de dangereux dans tout cela. Vous avez ce qu'ont tous les jeunes gens, rien de plus. Votre position vous force-t-elle à rester à Paris? demanda-t-il après un silence.

— En aucune façon.

— Vous avez de la fortune?

— Oui.

— Voyagez un peu, alors, voyez le midi particulièrement. Le corps et l'esprit gagnent aux voyages que l'on fait étant jeune encore.

— Est-ce un remède indispensable?

— Non, c'est un conseil, voilà tout,

mais un conseil qui vaut un remède.

— C'est que j'ai toutes mes habitudes et mes affections à Paris. J'aime donc mieux ne pas partir.

— Restez alors, mais suivez le régime que je vais vous écrire.

Il faut bien que ce bon M. Devaux gagne sa consultation, pensa Edmond en regardant le docteur qui écrivait.

Quand celui-ci lui eut remis l'ordonnance, Edmond lui dit :

— Je compte venir souvent réclamer vos bons conseils, docteur. J'aurais honte de vous demander ce que je vous dois pour cette première visite. Veuillez me traiter comme un vieux client, me permettre de vous laisser ma carte et de venir souvent vous voir. Je veux que nos rapports deviennent un jour de l'amitié.

M. Devaux prit la carte du jeune homme et la posa sur son bureau.

— Revenez souvent, dit-il en fixant un dernier regard sur M. de Péreux.

Edmond s'éloigna en regardant partout, mais sans apercevoir Antonine. Il avait, du reste, ce qu'il voulait, ses entrées dans la maison.

Quand il eut fermé la porte, mademoiselle Devaux passa dans le cabinet de son père:

— Viens-tu déjeuner, père? lui dit-elle en l'embrassant.

— Oui, mon enfant.

— Tu étais en consultation?

— Oui.

— Avec quelqu'un que je connais?

— Non.

— Qu'est-ce que cette carte? fit-elle en prenant la carte d'Edmond.

— C'est la carte de ce jeune homme qui sort d'ici.

— M. Edmond de Péreux, rue des Trois-Frères, n° 3, dit-elle en lisant tout haut et comme indifféremment. Il est malade, ce monsieur? ajouta-t-elle.

— Oui.

— Qu'est-ce qu'il a?

— Il a que son père est mort de la poitrine, j'en suis sûr, et que lui, il est, ou peu s'en faut, phthisique au troisième degré.

— Pauvre jeune homme! murmura Antonine en reposant la carte sur la table.

— Maintenant, allons déjeuner, chère enfant, car je meurs de faim, dit le docteur, qui avait fini de ranger les papiers de son bureau.

VIII

L'AMOUR PREND TOUS LES CHEMINS.

— Phthisique au troisième degré! fit Antonine en se mettant à table, est-ce dangereux cela, mon père?

— Il en a pour trois ans s'il se soigne, pour deux s'il ne se soigne pas, répondit le docteur.

— Et il sait cela?

— Il ne s'en doute pas, heureusement. Je n'ai jamais vu un poitrinaire soupçonner qu'il le fût.

Cette réponse rendit Antonine toute rêveuse, toute triste même, et cette simple phrase du médecin fixa plus profondément dans l'esprit de la jeune fille le souvenir d'Edmond que ne l'eussent peut-être fait trois mois de cour et d'assiduités.

Après le déjeuner, le docteur sortit pour aller voir ses malades, et mademoiselle Devaux rentra dans sa chambre avec sa vieille gouvernante, qui prit le *Château de Kenilworth* et se mit à en lire la première page.

Antonine s'assit auprès de la fenêtre,

dont la jalousie était baissée, mais à travers les feuilles de laquelle son regard plongeait de temps en temps dans la rue.

Elle prit une broderie, mais ses doigts inactifs la laissaient souvent tomber sur ses genoux, et son esprit, distrait de ses habitudes quotidiennes, la jetait dans de longues méditations.

Certes, notre héros ne se doutait pas de la mélancolique préoccupation dans laquelle sa visite avait jeté la fille du docteur, préoccupation qui ne prouvait du reste que la facile impressionnabilité de la jeune fille.

En effet, il n'eût guère été possible de trouver une nature plus chaste et douée d'une perception plus rapide de toutes les finesses du cœur. Notre âme puise le plus souvent ses habitudes dans ses douleurs, et Antonine, qui avait perdu sa mère il y avait deux ans, qui avait failli mourir du chagrin qu'elle en avait éprouvé, sentait depuis cette époque son cœur plus sympathique encore aux souffrances des autres.

En outre, cette mort avait laissé en elle un vide que rien n'avait pu combler, pas même la grande affection qu'elle avait pour son père, pas même les idées nouvelles qui viennent à l'esprit des filles de son âge, et qui, comme les premières feuilles du printemps, couvrent de leur verte nouveauté les branches mortes de l'hiver.

Edmond avait donc donné occasion

à Antonine de se rappeler ce chagrin, et la jeune fille en venait facilement de la douleur qu'une enfant peut ressentir de la mort de sa mère, à celle que peut éprouver une mère de la mort de son enfant.

Seulement elle se disait :

« L'enfant a devant lui tout un avenir de consolations que la mère n'a pas, et toutes les amours que le cœur d'une mère ne peut plus évoquer. »

Alors, et tout naturellement, elle pensait à la mère de ce jeune homme qui sortait de chez M. Devaux, et qui, sans s'en douter, marchait vers sa fin prochaine.

Elle voyait le désespoir de la pauvre femme, et sa pensée se représentait incessamment, au lieu du visage calme et souriant d'Edmond, au lieu des grands yeux bleus qu'elle avait vus la veille fixés sur elle, une tête froide, pâle, amaigrie et des yeux à tout jamais éteints, sans expression et sans regard, et elle en arrivait à répéter :

« Pauvre jeune homme ! »

Or, quand une jeune fille dit pareille chose, c'est que son cœur est bien près de son imagination, et il peut arriver que le nom qui la fait parler ainsi ne tarde pas à passer de l'une à l'autre.

« Quel âge a-t-il ? pensait-elle ; vingt-deux ou vingt-trois ans au plus, et la nature a marqué le terme de son existence à vingt-cinq ou vingt-six ans !.... et il ne sait rien de cela, il est venu ici, se croyant bien portant, insoucieux et sans savoir qu'il venait apprendre son arrêt de mort, car tôt ou tard il saura la vérité; il est venu pour connaître mon nom, pour me voir un instant, sans se douter combien est grave le prétexte qu'il a pris.

« Sa mère sans doute ne sait pas plus que lui ce qui doit être un jour. Elle marche heureuse et fière de son fils.

« Pauvre femme ! ce serait charité que de la prévenir. Ce serait amoindrir une douleur prochaine, en en faisant pour ainsi dire une habitude.

« Si je lui écrivais ce que je sais, peut-être serait-il temps encore. Elle parviendrait peut-être à le sauver.

« Oh! si j'étais la sœur de ce jeune

homme! comme j'aurais soin de lui, comme je ferais ses moindres volontés! comme je lui rendrais douces les courtes années que Dieu lui donne encore!.....

« Qui sait! il sera peut-être très-malheureux. Sa mère mourra peut-être avant lui, il mourra peut-être sans un ami, sans un parent, sans une femme pour lui fermer les yeux!

« Que tout cela est triste, mon Dieu, et pourquoi suis-je la fille d'un homme qui ne vit que des maladies et de la mort des autres! Comme mon père traite cela froidement et tranquillement, lui. Comme la science rend indifférent et égoïste, comme il m'a dit sans émotion : « Il en a pour deux ans, » et comme nous autres femmes nous serions de mauvais médecins. A quoi sert la science acquise quand elle ne peut pas vaincre la nature!

« Il me semble cependant qu'avec de l'affection et des soins moraux on devrait pouvoir rendre la santé à ceux que ne peuvent guérir les remèdes matériels.

« Après tout, je m'apitoie sur le sort de ce M. Edmond de Péreux, peut-être n'est-il malade que par sa faute. Peut-être est-ce un débauché, qui passe les nuits dans les orgies et le jeu, comme mon père dit que font la plupart des jeunes gens.

Oh! non, continua Antonine, après quelques instants de réflexion, il n'a pas le visage d'un débauché; ses traits ont une douceur féminine, ses yeux ont un regard doux et attractif. On dit que les maladies comme celle qu'il a ont une grande influence sur l'esprit et sur les sens de ceux qui en sont atteints, et qu'ils sont plus sensibles, plus poétiques et plus aimants que les autres hommes. C'est bien le moins, puisqu'ils doivent vivre moins longtemps, qu'ils absorbent plus vite que les autres toutes les sensations de la vie.

« Eh bien! moi aussi, je vais étudier cette maladie, et quand M. de Péreux reviendra, car il reviendra, j'en suis bien sûre, je le regarderai bien et je saurai à quoi m'en tenir. Mon père peut se tromper. La science n'est pas infaillible, mais moi, je ne sais pas pourquoi, je suis convaincue que je ne me tromperai pas. »

Antonine en était là de ses réflexions quand elle en fut brusquement tirée par un petit bruit qui se fit à côté d'elle. Ce petit bruit était occasionné par la chute du livre que dame Angélique tenait dans ses mains, et sur la première page duquel, selon sa louable habitude, elle venait de s'endormir.

Il y avait deux ans (car madame Angélique était entrée en fonctions auprès d'Antonine quand madame Devaux était morte), il y avait deux ans, disons-nous, que l'honorable dame venait tous les jours après le déjeuner, l'été auprès de la fenêtre, l'hiver auprès du feu, s'asseoir dans la chambre d'Antonine, et qu'elle commençait le *Chateau de Kénilworth.*

Elle n'avait jamais pu aller plus loin que l'endroit où Giles Gosling, le tavernier de Cumnor, chante à l'étranger qui vient d'entrer dans son auberge ce distique consolant pour tout voyageur qui a soif:

>Quand le cheval est à son râtelier,
>Il faut donner du vin au cavalier.

Ce qui, comme tout le monde le sait, se trouve à la seconde page du roman, et ce qui prouve que madame Angélique n'avait pas les goûts longtemps littéraires.

Toutes les fois qu'elle en arrivait à ces deux vers, elle dormait si profondément que le livre tombait. C'était une chose immanquable.

Aussi Antonine, qui avait l'habitude de ce sommeil quotidien, dit-elle avec un sourire, en voyant le livre à terre :

« Ah! voilà Angélique qui lit la cinquante-deuxième ligne du *Château de Kenilworth.* »

Ordinairement, Antonine se levait quand cette chute avait lieu, et comme elle avait horreur de la solitude et du silence, elle réveillait sa gouvernante et la faisait causer de n'importe quoi, pourvu qu'elle causât; mais ce jour-là, Antonine aimait mieux songer, et après avoir regardé le livre sans penser à se déranger, elle s'apprêta à reprendre sa broderie et ses réflexions.

Mais dame Angélique, qui n'était pas aussi profondément endormie que de coutume, rouvrit les yeux, les frotta, regarda autour d'elle, ramassa le *Château de Kenilworth*, le ferma et le déposa sur la cheminée sans avoir l'idée de lire au moins la cinquante-troisième ligne, pour voir ce que l'étranger répond au tavernier Giles Gosling, puis elle croisa les mains sur son estomac, fit tourner son pouce gauche autour de son pouce droit, et dit ces deux seuls mots, véritable pléonasme :

— J'ai dormi.

— Oui, ma bonne Angélique, vous avez dormi, fit Antonine, et vous êtes libre de dormir encore si vous en avez la moindre envie.

— Non.

— Lisez, alors.

— Qu'est-ce que vous voulez que je lise ?

— Lisez le *Château de Kenilworth.*

— Je l'ai fini.

— Le fait est, répliqua Antonine en riant, qu'en additionnant les cinquante-deux lignes que vous avez lues tous les jours depuis deux ans, cela fera dix-huit mille lignes environ, si je sais compter, c'est-à-dire plus de lignes que le volume n'en a ; malheureusement, ce sont toujours les cinquante-deux premières lignes que vous avez lues.

— C'est égal, répondit madame Angélique, on voit toujours bien comment cela finira. C'est tout ce qu'il faut.

A une personne qui comprend la littérature à ce point de vue-là, il n'y a rien à répondre.

Aussi Antonine ne répondit-elle rien ; cependant elle eût voulu faire ou dire quelque chose qui pût la distraire des tristes pensées qui la visitaient et que soufflait à son esprit son cœur vivement impressionné.

Antonine ne savait que faire. Sa pensée était rivée au nom d'Edmond. Elle avait comme un besoin de le revoir, ou tout au moins de s'occuper de lui, et aucun homme n'avait eu jusqu'à ce jour cette influence sur elle.

C'est que notre héros s'était tout de suite, malgré lui, adressé à son cœur; c'est qu'il avait, sans le savoir, donné occasion à la jeune fille de le plaindre, et qu'il était entré dans son âme par une de ces portes dérobées que les femmes de son âge sont toujours prêtes à ouvrir.

Il est probable, il est certain même, qu'après l'aventure de la veille, si Edmond s'était trouvé être un grand gaillard, bien solide, bien constitué, il n'eût pas fait un chemin si rapide dans l'esprit et dans le cœur d'Antonine, et que, deux heures après sa première visite, elle n'eût pas été en proie aux réflexions et à l'inquiétude même que nous avons essayé de décrire.

Aussi cette préoccupation était si peu dans les habitudes d'Antonine, qu'il lui sembla qu'elle pourrait la fuir en sortant et en marchant.

— Ma bonne Angélique, dit-elle alors en se levant, nous allons nous promener.

— Ma foi! il fait beau, répondit madame Angélique ; je le veux bien.

Et elle se leva à son tour.

— Dites donc, ma chère Angélique, fit Antonine, presque sans s'apercevoir qu'elle faisait cette question, avez-vous connu des gens poitrinaires, vous ?

— Pourquoi cela?

— Pour savoir. Je vous dirai pourquoi plus tard.

— Oui, j'en ai connu.

— Mouraient-ils tous?

— Oh! Dieu, non. J'ai connu une dame qui était abandonnée de tous les médecins, et qui se porte comme vous et moi, aujourd'hui.

— Et qu'a-t-elle fait pour cela?

— Elle a été passer deux ans dans le midi.

— Cela guérit toujours?

— Non, mais cela guérit quelquefois.

— Alors il faut qu'il parte, murmura Antonine.

— Que dites-vous? demanda Angélique.

— Je dis, ma bonne Angélique, fit Antonine en rougissant, que vous seriez bien bonne d'aller me chercher mon mantelet et mon chapeau, dans le cabinet à côté.

A peine madame Angélique avait-elle le dos tourné, que la charmante enfant, obéissant au conseil inquiet de son cœur, prit une feuille de papier, écrivit dessus à la hâte :

« Partez pour le midi..... »

Plia la feuille, la cacheta, mit l'adresse d'Edmond de Péreux, et cacha brusquement la lettre dans son sein, au moment où madame Angélique reparaissait, tenant le mantelet et le chapeau. .

Antonine croyait avoir trouvé un moyen de sauver Edmond.

Elle se figurait que par cette simple ligne le jeune homme comprendrait la nécessité de ce départ, qu'il partirait et qu'il ne reviendrait que gros et gras comme l'amie de madame Angélique. Toute la naïveté de son cœur n'était-elle pas dans sa lettre? Elle ne soupçonna pas un instant que cela pût être mal d'écrire ainsi à un jeune homme, même pour lui dire :

« Partez. »

Cette espérance que venait de lui donner madame Angélique avait ouvert la porte à ses pensées noires, et elle ne put s'empêcher d'embrasser sa gouvernante en lui disant:

« Allons, ma bonne Angélique, et profitons de cette belle journée. »

Antonine était prête à sortir; madame Angélique, toute vêtue de noir, mettait ses gants.

Les deux femmes descendirent.

Quand elles furent dans la rue, Antonine chercha une poste des yeux, et en ayant aperçu une, elle prit sa lettre dans le corsage de sa robe et la jeta en passant dans la boîte.

— A qui écrivez-vous donc là? demanda madame Angélique.

— J'écris à Delphine, qui n'est pas venue me voir depuis plusieurs jours.

Delphine était une camarade de pension de mademoiselle Devaux.

C'était le premier mensonge qu'eût jamais fait Antonine, et cependant elle ne s'en repentit pas. Au contraire, elle en était fière comme d'une bonne action.

N'était-ce pas une bonne action, en effet? et la preuve que c'en était une, c'est que tout le jour Antonine fut plus gaie qu'elle ne l'avait jamais été.

Heureux âge, celui où le cœur ressent en un court espace des tristesses et des joies sans cause... Il ressemble à ces journées de printemps qui commencent par la pluie, et à la fin desquelles les filles peuvent courir dans les blés comme s'il n'avait pas plu depuis un an.

IX

NICHETTE.

Pendant ce temps, Gustave était venu chez Edmond, et n'avait trouvé que la lettre que celui-ci avait laissée.

« Allons, s'était dit Daumont, il paraît que décidément il fallait que cela fût; et il attendit. »

Edmond rentra, l'air joyeux et roulant dans ses mains l'ordonnance de M. Devaux, qu'il n'avait même pas lue.

— Eh bien?.... lui dit brusquement Gustave en le voyant paraître, et sans pouvoir dissimuler l'inquiétude où le jetait cette visite qu'il avait voulu empêcher.

— Eh bien quoi? fit Edmond en riant. Tu as l'air tout effaré.

— Tu as vu M. Devaux? continua Gustave, un peu rassuré par le ton de son ami.

— Naturellement, puisque j'étais sorti pour cela.

— Que t'a-t-il dit?

— Que voulais-tu qu'il me dît?

Il m'a fait l'ordonnance que voici.

Gustave se précipita sur l'ordonnance et la lut. Elle consignait un régime comme on en prescrit pour toutes les maladies sans gravité.

Gustave respira.

— Allons déjeuner, dit-il, ta mère nous attend.

— Allons; mais qu'avais-tu à me dire, toi qui m'avais recommandé de ne pas sortir avant de t'avoir vu?

Gustave était assez embarrassé.

— Je voulais t'inviter à dîner, dit-il au hasard.

— Où cela?
— Chez Nichette.
— Aujourd'hui?
— Aujourd'hui.

— J'accepte bien volontiers. Est-ce tout?

— Oui.

— Nous dînerons chez Nichette.

— Alors, immédiatement après le déjeuner, j'irai la prévenir qu'elle peut compter sur nous.

Les deux jeunes gens se rendirent auprès de madame de Péreux.

— Ira-t-il chez M. Devaux? dit celle-ci tout bas à Gustave.

— Il y est allé, repondit Daumont.

— Oh! mon Dieu! murmura la jeune mère.

— Tranquillisez-vous, madame, Edmond n'a rien à craindre.

— Qu'a dit le docteur?

— Il a ordonné des viandes rôties

et du vin de Bordeaux, fit Gustave en souriant, ordonnance d'homme qui ne sait qu'ordonner.

— Merci, mon ami, fit madame de Péreux rassurée, et en serrant la main de Gustave.

— Qu'avez-vous donc à chuchotter ainsi, s'écria Edmond à qui le colloque à voix basse de sa mère et de son ami n'avait pas échappé; ne trouves-tu pas, chère mère, que Gustave a l'air tout drôle, aujourd'hui ?

— Je demandais à ta mère, fit Gustave, si cela ne la contrarierait pas que je t'emmenasse dîner avec moi.

— Et je répondais à Gustave que rien de ce qui te fait plaisir ne me contrarie, ajouta madame de Péreux en prenant la tête de son fils dans ses deux mains et en l'embrassant de toutes ses forces.

On pouvait parler sans crainte de la visite qu'Edmond avait faite à M. Devaux, puisque tout le monde était rassuré, et sa mère elle-même le pria de la raconter, ce qu'il fit aussitôt, tant il éprouvait déjà de plaisir à s'entretenir de ce qui concernait Antonine.

Après le déjeuner, Gustave laissa Edmond avec sa mère et courut chez Nichette, qu'il trouva travaillant, comme toujours, à la fenêtre.

— Edmond dînera avec nous ici, lui dit-il en entrant.

— Pourquoi ne m'as-tu pas prévenue plus tôt? dit Nichette d'un air fâché, on dînera mal.

— Ne t'inquiète de rien, répondit Gustave en prenant la charmante tête de la modiste, et en l'embrassant sur les deux joues, je vais faire envoyer le dîner. Tu n'auras à fournir que les verres, les assiettes, les serviettes et l'argenterie. Tu as tout cela, n'est-ce pas? plus deux côtelettes pour Edmond.

— Est-ce que je n'ai pas tout, et même plus que ce qu'il me faut? fit la belle enfant en embrassant Gustave à son tour. Est-ce que je ne suis pas, grâce à toi, la femme la plus heureuse du monde?

Quelqu'un qui eût voulu avoir le

spectacle d'un amour jeune, franc, heureux, indépendant, n'eût eu qu'à entr'ouvrir la porte de Nichette un moment et à la regarder enlaçant de ses deux bras blancs le cou de l'homme qu'elle aimait.

— Ainsi, à six heures tout sera prêt?... ajouta Gustave en s'en allant.

— Sois tranquille, répondit Nichette; mais envoie vite ce que tu as à envoyer.

Gustave descendit.

Arrivé dans la rue, il se retourna et vit la blonde tête de sa maîtresse qui lui souriait au milieu des fleurs dont sa fenêtre était ornée.

Il entra chez un marchand de comestibles, et commanda tout ce qu'il fallait. A cinq heures, il alla prendre Edmond, qu'il trouva lisant à sa mère le livre qu'elle avait envoyé chercher la veille, et quelques minutes après les deux jeunes gens descendirent et se dirigèrent vers la rue Godot.

Ils trouvèrent le dîner servi dans la chambre de Nichette.

Le temps était superbe, la fenêtre était ouverte, le soleil jouait gaîment sur les verres de cristal et sur la blancheur de la nappe. Tout autour des trois jeunes gens était simple, mais joyeux; modeste, mais charmant, et un parfum de jeunesse, de printemps, d'amour et de gaîté, emplissait cette petite chambre.

Mais, me direz-vous, Gustave était riche et il aimait Nichette. Comment se faisait-il alors qu'il la laissât dans le petit logement où il l'avait connue, au lieu de lui en donner un plus grand et plus en rapport avec sa fortune et avec ses habitudes?

A quoi je répondrai que c'était justement parce qu'il était riche, qu'il aimait sa maîtresse et que sa maîtresse l'aimait, que Gustave l'avait laissée où il l'avait connue, en lui donnant cependant tout le luxe des choses nécessaires.

Ainsi, dans son petit logement de trois cents francs par an, Nichette avait ce que bien des femmes n'ont pas dans un appartement beaucoup plus somptueux. Elle avait toujours de l'argent d'abord.

Il est vrai que ses goûts étaient si simples, qu'elle en dépensait fort peu; ensuite elle avait une profusion de linge et de robes qu'elle faisait elle-même et qui ne lui en allaient pas plus mal pour cela. Si elle n'avait pas beaucoup de bijoux, c'est qu'elle n'avait pas voulu en avoir, et si enfin elle travaillait encore, c'est qu'avec un calcul tout de cœur elle avait tenu à travailler toujours.

Certes, Gustave avait désiré, et cela dès qu'il avait été son amant, faire déménager Nichette, substituer les meubles de bois de rose aux meubles de noyer, les cachemires de l'Inde aux petits châles de mérinos, et la paresse au travail; mais Nichette n'avait pas consenti à ce changement, Nichette avait dit à Gustave :

« Si c'est pour moi que tu m'aimes, aime-moi ici. Laisse-moi n'accepter que ce que je ne pourrai refuser, et que ce que les habitudes de luxe et du bien-être te font un besoin de trouver partout où tu vas. Je suis heureuse ici, avec très-peu de chose j'aurai tout ce qu'il me faut. Dans ce petit appartement, je suis ta maîtresse, dans un autre où tu auras dépensé beaucoup d'argent, je ne serai qu'une femme entretenue. Viens me voir tous les jours, c'est tout ce que je te demande, et laisse-moi la petite vanité de me dire que ce n'est pas par intérêt que je suis à toi. »

Gustave avait compris les scrupules de Nichette et il les avait acceptés avec bonheur, car ils lui prouvaient que sa maîtresse avait un cœur capable de tous les bons sentiments et de toutes les bonnes pensées. Il n'avait donc pas insisté; seulement il avait voulu qu'à partir du jour où elle lui avait dit ce que nous venons de rapporter, elle fût, dans la mesure de ses goûts et de ses besoins, la femme la plus heureuse de Paris, et elle l'était en effet.

Si vous l'aviez vue le matin s'éveiller joyeuse, se sourire dans la glace de sa cheminée, ouvrir sa fenêtre, arroser ses fleurs, s'habiller, faire ses papillotes, car les cheveux de Nichette étaient sa grande coquetterie; rôder dans tous les coins de sa petite chambre tout en chantant, et finir par se mettre sur sa chaise et travailler, vous auriez cru voir un oiseau dans sa cage.

Outre cela, Nichette lisait, mais elle ne lisait pas ce que lisent ordinairement les grisettes. Nichette lisait les bons livres. Il est vrai qu'elle était guidée en cela par Gustave, dont le goût était très-pur.

Elle passait toutes les soirées où il ne venait pas à lire, mais elle ne pouvait pas lire sans manger quelque chose. Elle grignotait continuellement des bonbons, et c'était encore

Gustave qui pourvoyait à cette nécessité.

Il était rare qu'il vînt sans apporter un sac de pralines ou de marrons glacés, les deux intempérances de Nichette. Plus elle était émue par sa lecture, plus elle mangeait. Elle avait mangé une boîte de fruits confits en lisant *Frédéric et Bernerette*.

Nichette comprenait tout et causait de tout. Elle écrivait avec une orthographe irrégulière une lettre charmante de style et de sentiment. Où allait Nichette? elle n'en savait rien.

Ce qu'il y avait de certain pour elle, c'était que Gustave était un noble cœur qu'elle aimait de toute son âme, mais elle ne voyait pas plus loin que cela. Pour elle, l'avenir était l'heure où Gustave devait venir la voir.

Nichette n'avait ni père, ni mère, ni famille. Tout cela était mort quand elle était encore en apprentissage, et la modiste chez laquelle elle était, l'avait bientôt élevée à la position de première ouvrière, et l'avait gardée tout à fait chez elle.

Cependant un jour Nichette avait voulu être libre : elle avait pris une petite chambre en ville, et, à partir de ce moment, on ne l'avait plus rencontrée seule au spectacle.

Si l'on eût bien cherché, on eût trouvé facilement dans quelque estaminet du quartier latin quelque étudiant qui eût pu donner des détails précis sur la vie de Nichette à cette époque; mais elle oubliait le passé, ou du moins faisait tout ce qu'elle pouvait pour l'oublier depuis qu'elle aimait Gustave, et ce n'était vraiment pas la faute de la pauvre enfant si Daumont n'avait pas eu le bonheur de la rencontrer plus tôt.

D'ailleurs, jamais il ne lui avait demandé compte ni de ce qu'elle avait fait, car le passé ne le regardait pas, ni de ce qu'elle faisait, car il était sûr du présent.

Du reste, il ne s'occupait guère plus qu'elle de l'avenir. Pourtant, quand il lui arrivait de penser aux probabilités, il se disait :

« Je ne quitterai Nichette que si je

me marie, et si je me marie, je lui ferai une position qui pourra la rendre à tout jamais indépendante. »

Ils s'aimaient donc tous deux sans regrets, sans ecousses, sans crainte, avec jeunesse, avec confiance, avec gaîté.

Il y avait du respect et de la reconnaissance dans l'affection que Nichette avait pour Gustave; il y avait une douce protection et une juste vanité dans le sentiment que Daumont éprouvait pour sa maîtresse. Elle se disait qu'elle était bien heureuse d'avoir rencontré un si noble caractère; il se disait qu'il était heureux d'avoir si bien placé son cœur.

Gustave aurait voulu qu'Edmond

trouvât une fille comme Nichette, et Edmond l'eût bien voulu aussi; mais on trouve difficilement, tout de suite du moins, deux natures aussi franches que celle de notre modiste, surtout dans la même sphère.

Voilà pourquoi c'était dans un si modeste logement que la maîtresse de Daumont recevait son ami.

Nichette avait ce jour-là une petite robe de mousseline bleue, fine et transparente comme l'aile d'une demoiselle. Le corsage était fait à la façon des robes Louis XV, et les manches s'arrêtaient au coude, si bien qu'on pouvait voir l'éclatante blancheur de la poitrine et des bras de la belle fille. Elle avait sur la tête un de ses petits bonnets accoutumés, et au cou le ruban de velours traditionnel.

— Bonjour, Edmond, fit-elle en sautant dans les bras de notre héros et en l'embrassant.

— Bonjour, chère petite, vous nous donnez donc à dîner aujourd'hui?

— Et un fameux dîner encore, dit-elle. J'aurai de quoi manger toute seule pendant huit jours.

— As-tu fait faire ce que je t'ai dit? demanda Gustave.

— Deux côtelettes pour Edmond; oui.

— Pourquoi ces deux côtelettes? demanda de Péreux en riant.

— Parce que tu es condamné aux viandes rôties. Tu vois comme je suis l'ordonnance de ton médecin, que tu oublies déjà.

— Edmond est donc malade? fit Nichette avec intérêt.

— Non, répondit Gustave, cela a rapport à une histoire qui lui est arrivée, et je me promets de lui faire manger des viandes rôties pour la lui rappeler, dans le cas où il l'oublierait.

— Tu me la conteras, cette histoire?

— Quand nous serons à table.

— Alors asseyons-nous, tout est là.

En effet, à côté des trois convives, il y avait une autre table, couverte de mets, d'assiettes, de bouteilles et de tout ce qu'il faut avoir sous la main pour ne pas être forcé de se déranger quand on dîne et qu'on n'a pas de domestique.

—Voyons, dit Nichette, quand on eut commencé à manger, j'écoute l'histoire.

Edmond raconta de point en point son aventure avec Antonine.

— Oh! mais elle est très-sentimentale, dit Nichette.

— Oui, fit Edmond, mais je me décourage déjà, et je me demande comment je vais faire pour revoir Antonine.

— C'est pourtant bien facile, dit Nichette; vous avez vos entrées dans la maison ; allez-y jusqu'à ce que vous la rencontriez.

— Mais si je la vois, je ne la verrai jamais que devant quelqu'un.

— Qu'est-ce que cela fait? A défaut de la bouche, n'a-t-on pas les yeux? Quand vos regards à l'un et à l'autre vous auront bien dit que vous vous aimez, eh bien! vous vous le direz avec la bouche, malgré tout le monde.

— Malheureusement, ma chère Nichette, dit Gustave, tu te figures un peu trop que mademoiselle Antonine est libre, comme tu l'es, toi. En admettant qu'elle et Edmond s'aiment, qu'ils se le disent même, il y aura toujours là un père entre leurs amours.

— Eh bien! si Edmond est amoureux, il demandera mademoiselle Antonine à ce père, car Edmond est bien trop sentimental et trop honnête pour avoir des amours d'échelle de soie et de manteau couleur de muraille, d'autant plus que si c'est facile en Espagne, ce n'est pas commode en France. Edmond, le vertueux Edmond, ne doit aimer que pour le bon motif.

— Elle a raison, dit Edmond avec un sourire; mais par cela même que je suis sentimental, je voudrais qu'un peu d'amour précédât ce mariage. J'aurais horreur de me marier comme tout le monde se marie, entre un notaire et une dot. Je sais bien qu'il faut en arriver là; mais je voudrais, pour y arriver, un chemin plus original et plus nouveau que le chemin que suit tout le monde.

—Enfin, une seconde édition de

Paul et Virginie, dit Nichette en souriant.

— Justement, femme littéraire, répondit Edmond en souriant aussi, moins le naufrage du *Saint-Géran*, cependant.

— Eh bien! je suis femme, dit Nichette, et quoi qu'en dise Gustave, qui a l'air de croire qu'une grisette ne peut pas comprendre le cœur d'une demoiselle du monde, si vous voulez, Edmond, je vous donnerai des conseils; car je crois au contraire, moi, que toutes les femmes se ressemblent par le cœur, quand elles en ont, bien entendu.

—Et j'accepte vos conseils, ma bonne Nichette, dit Edmond en lui baisant la main ; car, quel que soit le cœur de n'importe quelle femme, il ne peut être meilleur que le vôtre.

— A la bonne heure. Tu entends cela, Gustave?

— Et j'approuve, répliqua Daumont.

— Eh bien! ma bonne Nichette! maintenant que vous savez où en sont les choses, que me conseillez-vous de faire?

— Quel jour est-ce aujourd'hui? demanda Nichette.

— C'est samedi.

— Eh bien!... dit Nichette.

— Eh bien, quoi?

— Vous ne devinez pas?

— Non.

— C'est demain dimanche.

— Oui.

— Que font les jeunes filles comme mademoiselle Antonine, le dimanche?

— Le sais-je, moi ?

— Elles vont à la messe; et où, dans tous les romans de la terre, voit-on que les amoureux rencontrent leurs bien-aimées? à l'église. Eh bien! mon cher Edmond, allez demain matin à l'église Saint-Thomas-d'Aquin, qui est l'église la plus proche de la rue de Lille, et sans aucun doute vous y verrez mademoiselle Devaux, qui comprendra tout de suite que si vous êtes venu prier Dieu, c'est pour le prier de vous faire aimer d'elle. Allez tous les dimanches à l'église, et quand vous retournerez chez M. Devaux, sa fille aura eu le temps de songer à vous et d'y songer comme on songe à un homme de votre âge, de votre tournure et qui a vos yeux, si bien que le jour où vous lui parlerez, il y aura long-temps déjà que vous lui aurez dit tout ce que vous avez à lui dire. Puis...

Nichette hésita.

— Vous ne continuez pas?... lui dit Edmond.

— Si vous vous aperceviez que décidément vous n'aimez pas mademoiselle Antonine, que feriez-vous? reprit Nichette qui, en disant cette phrase, ne suivait évidemment pas le fil de sa pensée.

— Je ne retournerais pas chez son père.

— Vous me le promettez.

— Je vous le promets. Pourquoi cette promesse?

— Parce que vous auriez pu vouloir, par vanité, ce qu'il ne faut vouloir que par amour, et faire, tout en n'aimant pas cette jeune fille, votre possible pour être son amant Ce serait mal, Edmond, car ce serait toute sa vie que vous sacrifieriez à votre caprice.

— Soyez tranquille, Nichette, je suis plus honnête homme que cela.

— Alors ma protection vous est acquise; car vous comprenez que je ne veux servir que des amours honnêtes, fit Nichette en riant.

— Vous pouvez donc me servir?

— Certes.

— Comment?

— Mademoiselle Antonine porte des chapeaux et des bonnets, n'est-ce pas?

— Naturellement.

— Eh bien! vous verrez si la modiste Nichette ne vous sera pas d'un grand secours, et si vous ne la remercierez pas plus tard de ce qu'elle aura fait pour vous.

X

LA LETTRE D'ANTONINE.

En vérité, quand on y réfléchit, il fallait être ce qu'était Antonine, c'est-à-dire la plus chaste, la plus noble, la plus naïve enfant du monde, pour écrire ainsi à un inconnu la lettre qu'elle venait d'écrire à Edmond. Il fallait d'abord supposer qu'Edmond pût être, par un mystère sympathique, initié à toutes les pensées qui depuis le matin avaient visité la jeune fille, et à la révélation que son père lui avait faite sur sa maladie, il fallait enfin admettre une impossibilité.

Elle avait écrit cette lettre, ou plutôt cette ligne, sans la raisonner et comme une nécessité de ses réflexions. C'était plus que de la naïveté, c'était de l'enfantillage dans toute l'acception du mot.

Malheureusement cet enfantillage pouvait avoir toutes sortes de conséquences que n'avait pas prévues mademoiselle Devaux.

Cet avis anonyme pouvait d'abord

être regardé par Edmond comme une mauvaise plaisanterie, et il pouvait ne pas y reconnaître le sentiment qui l'avait dicté; ensuite, si M. de Péreux se doutait de qui cet écrit lui venait, il pouvait, dans l'ignorance où il était de ce que M. Devaux avait dit à sa fille, l'interpréter au profit de son amour naissant; enfin, si la lettre atteignait le but qu'Antonine s'était proposé, c'est-à-dire si elle révélait au malade la gravité de sa maladie et la nécessité d'un prompt départ, elle lui apprenait brutalement une chose que, dans son intérêt pour lui, Antonine eût dû prendre soin de lui cacher, autant que cela dépendait d'elle.

La jeune fille n'avait pressenti aucune de ces éventualités.

Je vous le répète, Antonine était une véritable enfant qui avait agi en cela avec toute l'étourderie des jeunes cœurs.

Cependant, quand vint le soir, quand elle resta seule dans sa chambre pour se coucher, quand elle put se dire : A l'heure qu'il est, M. de Péreux a reçu ma lettre, avec cette rapidité de sensation extrême qui caractérise les jeunes filles, elle fut effrayée, épouvantée même de ce qu'elle avait fait.

Par un brusque revirement de sa pensée, elle ne vit plus dans cette action, qui lui avait paru si simple d'abord, que ce qu'il est défendu de faire ; elle ne vit plus que ce fait d'une jeune fille écrivant à un jeune homme qu'elle ne connaît pas, et elle s'exagéra immédiatement les conséquences que cette légèreté pouvait avoir.

« Que va-t-il penser de moi? se disait-elle. Il va croire que je pars pour le Midi et que je lui dis de m'y suivre. Il peut se figurer que j'ai peur de l'aimer et que je lui dis de partir. Il supposera peut-être que j'en aime un autre, il supposera enfin toutes choses qui ne sont pas; car, puisque mon père m'a dit qu'il ne se doute pas de l'état dans lequel il est, il est impossible qu'il comprenne cette lettre.»

Au milieu de tout cela, elle ne faisait pas le moindre doute qu'Edmond ne devinât tout de suite qui lui écrivait.

« Pourquoi ai-je écrit cette lettre! reprenait-elle. Eh! mon Dieu, je l'ai écrite pour sauver ce jeune homme qui m'aime. Mais qui me dit qu'il m'aime? Qui me le dit? quelque chose de nouveau qui se passe en moi, une voix qui me parle tout bas et qui me le nomme. Pourquoi m'eût-il suivie, pourquoi serait-il venu ce matin, pourquoi lui aurais-je écrit, s'il n'avait éprouvé pour moi au moins l'intérêt que j'éprouve déjà pour lui? »

Que nos lecteurs ne s'étonnent pas des mille préoccupations auxquelles Antonine était en proie. L'aventure de la veille rompait instantanément l'harmonie monotone de sa vie.

Non-seulement personne ne lui avait

encore parlé d'amour, mais personne même n'avait eu l'air de s'apercevoir qu'elle fût une femme, en âge et capable d'aimer. Edmond était le premier qui, sans lui parler, lui eût fait pour ainsi dire une déclaration.

En effet, suivre une femme, demander son nom et trouver dès le lendemain le moyen de se présenter dans sa famille, n'est-ce pas l'aveu le plus complet qu'on puisse lui faire de son amour? Et quand de cette tentative il résulte ce qui était résulté pour Edmond de sa visite à M. Devaux, un incident aussi douloureusement poétique, n'est-il pas tout naturel que la jeune fille, romanesque et sentimentale comme elles le sont toutes quand elles sortent du pensionnat, fasse de cette aventure, dont elle est l'objet, l'occupation continuelle de sa pensée?

Nous dirons même que si, lorsqu'elle avait commencé à songer aux conséquences fâcheuses que son imprudence épistolaire pouvait avoir, Antonine en avait été effrayée, elle avait fini, non-seulement par s'y habituer, mais encore par être enchantée d'avoir écrit cette lettre, à cause même des conséquences qu'elle pouvait avoir.

Trouvez donc une fille de seize ans qui ne soit pas enchantée que sa vie prenne tout à coup des combinaisons de roman!

Aussi elle s'endormit en se disant :

« Que fera-t-il après avoir reçu ma

lettre? En tout cas il fera quelque chose. Que je voudrais être à demain, et que j'aime la vie! »

Elle avait déjà oublié qu'Edmond n'avait que deux ou trois ans à vivre, et que c'était à cause de cela qu'elle lui avait écrit.

Cœur des filles, cristal pur qui reflète avec ses mille facettes les mille choses qui passent devant lui, et qui ne garde l'empreinte d'aucune!...

Antonine s'endormit en souriant et en oubliant de souffler sa lumière, qu'à deux heures du matin madame Angélique vint éteindre; car la brave dame s'était réveillée et était venue voir pourquoi à pareille heure Antonine gardait encore sa lampe allumée

Edmond veillait, lui; mais il veillait heureux comme elle dormait heureuse.

Après le dîner qu'il avait fait chez Nichette avec Gustave, il avait pris une voiture, et les trois amis étaient allés, par cette magnifique soirée du mois de mai, se promener aux Champs-Élysées, et de là au bois de Boulogne, Nichette couchée sur l'épaule de Gustave, Edmond étendu sur le devant de la voiture et regardant les petits pieds de la modiste que celle-ci avait allongés sur les coussins de devant.

La jeune femme et Gustave échangeaient à voix basse ces mots que l'on devine sans les entendre, et que la brise du soir emporte avec les parfums des fleurs et les chants des oiseaux.

Edmond pensait à Antonine, et il se disait qu'un jour Dieu pouvait faire qu'il la tînt dans ses bras comme Gustave tenait Nichette, et qu'il fût aussi heureux, plus heureux peut-être que son ami.

Après une promenade de deux heures, il avait déposé Gustave et Nichette chez elle, et après avoir dit : A demain ! à son ami, il était rentré chez sa mère.

Au moment où il mettait le pied sur la première marche de son escalier, le portier lui avait donné la lettre d'Antonine.

Edmond l'avait ouverte sans soupçonner ni de qui elle venait, ni ce qu'elle pouvait contenir.

Il relut donc trois fois cet avis mystérieux sans le comprendre.

« Partez pour le Midi... » répétait-il sans cesse en dépeçant pour ainsi dire les mots, afin de leur faire révéler leur véritable sens; qu'est-ce que cela signifie?

Edmond était ainsi en méditation sur la lettre d'Antonine, devant sa glace, et sans même songer à ôter son chapeau.

Le nom de la jeune fille ne lui était pas encore venu à la pensée, car l'esprit est ainsi fait, qu'il va toujours chercher bien loin la raison d'une chose qu'il pourrait trouver tout près et sans effort ; mais cependant le nom de mademoiselle Devaux, qui avait occupé Edmond toute la journée, venait de temps en temps signer tout seul cette lettre, au point que plusieurs fois Edmond, sous l'empire d'une espèce d'hallucination, secoua le papier qu'il tenait comme pour en faire tomber ce nom.

Edmond en était là quand on frappa à sa porte.

— Entrez, dit-il, sans se détourner, croyant que c'était son domestique qui venait chercher quelque chose dans sa chambre.

— Que lis-tu donc si attentivement, cher enfant? dit madame de Péreux en posant sa tête sur l'épaule de son fils.

— Ah! ma bonne mère, fit Edmond, je te demande pardon, j'ignorais que ce fût toi qui eusses frappé. Je lis une lettre qui m'intrigue fort, car j'ignore de qui elle vient et ce qu'elle signifie. Si tu peux me l'expliquer, tu me tireras d'un grand embarras.

— Voyons, fit madame de Péreux.

Edmond tendit la lettre à sa mère.

A peine celle-ci l'eut-elle lue, qu'elle pâlit. Cette pâleur n'échappa point à son fils.

— Qu'as-tu donc, ma mère? s'écria-t-il.

— Rien, balbutia madame de Péreux en essayant de sourire; rien, mon cher enfant; depuis quelque temps je suis sujette à ces pâleurs soudaines. C'est le sang qui se porte au cœur.

— Il faut te soigner.

— Oh! ce n'est rien. Rassure-toi.

Madame de Péreux souriait avec effort, mais enfin elle souriait.

— As-tu lu cette lettre? reprit Edmond se trompant à ce sourire.

— Oui.

— Y comprends-tu quelque chose?

Madame de Péreux voulut répondre, mais des larmes s'échappèrent brusquement de ses yeux, et elle se laissa tomber sur une chaise en portant son mouchoir à son visage.

— Mon Dieu! qu'as-tu, ma mère?

s'écria Edmond en se jetant aux genoux de madame de Péreux. Au nom du ciel, que t'arrive-t-il? Es-tu malade? avons-nous à redouter quelque malheur?

— Non, mon enfant adoré, non, répondit la sainte femme en embrassant convulsivement son fils, nous n'avons rien à craindre. Mais tu sais comme je suis folle, comme je m'inquiète aisément. Il est tard..... Je ne t'avais pas vu rentrer..... Je craignais qu'il ne te fût arrivé quelque chose.... Ordinairement, quand tu rentres le soir, tu viens m'embrasser; ce soir, tu l'avais oublié..... Je tremblais que tu n'eusses une peine, un chagrin, et j'étais venue pour m'en assurer. Ces émotions sans raison de la soirée et auxquelles ma tendresse pour toi m'a rendue sujette, sont la cause de mes larmes. Embrasse-moi, continua madame de Péreux en essuyant ses yeux et en s'efforçant de paraître calme, embrasse-moi et ne parlons plus de cela. Quant à cette lettre.....

— Que m'importe cette lettre, après tout!

— Quant à cette lettre, veux-tu que je te dise d'où elle vient?

— Dis, ma bonne mère, dis.

— Elle vient de mademoiselle Devaux.

— Qui te fait croire cela?

Madame de Péreux faisait de nouveaux efforts pour ne pas pleurer.

— C'est bien simple, reprit-elle avec un faux sourire, mademoiselle Devaux t'aime.

— Mademoiselle Devaux m'aime, dis-tu.

— Oui.

— Explique-toi, ma bonne mère.

— Ou si elle ne t'aime pas, continua madame de Péreux, elle s'intéresse à toi. Tu as été ce matin chez M. Devaux, et tu as été forcé de te faire malade pour avoir une entrée chez lui.

Madame de Péreux s'arrêta; elle étouffait.

— Oui, répondit Edmond.

— Ne sachant que t'ordonner, puisque tu n'es pas malade, il t'a ordonné de voyager. N'est-ce pas là ce que tu

m'as dit ce matin? continua madame
de Péreux d'un ton qu'elle essaya de
rendre indifférent.

— En effet.

— Et mademoiselle Devaux, qui,
curieuse comme toutes les jeunes filles,
aura entendu votre conversation, t'aura cru réellement malade, et conseillée
par un bon sentiment elle t'aura écrit
cela, pensant que ta guérison dépend
de ce voyage que t'a ordonné son père.

— C'est juste, ma bonne mère, et tu
as vu ce que je n'aurais jamais pu voir
tout seul. Sais-tu que cela est très-bien
de la part d'Antonine. Elle a un cœur
d'ange, cette enfant. Elle pense à moi,
vois-tu. Oh! je la verrai, je la remercierai de ce qu'elle a fait là. Elle m'ai-

mera, vois-tu, quelque chose me le dit, et tu auras deux enfants auprès de toi, et nous serons bien heureux. Tu ne seras pas jalouse d'elle, n'est-ce pas?

— Non, mon enfant, non. Cependant, si je te demandais un sacrifice?

— Lequel, ma mère?

— Si je te disais : Edmond, renonce à cette jeune fille, n'essaie plus de la voir, ni elle ni son père.... Si je te demandais cela sans raison et comme un caprice, ferais-tu ce que je te demanderais?

— Oui, ma mère, parce que je saurais que, quoique vous ne me donniez pas de raison, il doit y en avoir au moins une et une grave.

— Eh bien!....

— Eh bien?

— Tiens, je suis folle ce soir, je ne sais ce que je dis. Tu aimes cette enfant, ton bonheur dépend peut-être de cet amour, et je viens jeter mes jalousies au travers. Pardonne-moi, cher fils, pardonne-moi.

— Et qu'ai-je à vous pardonner, ma mère, si ce n'est de m'aimer trop? Est-ce donc une faute pour une mère?

— Tu n'as besoin de rien, ce soir? tu ne veux rien?... fit madame de Péreux pour changer la conversation et pour détourner son esprit, si cela était possible, des pensées qui l'agitaient.

— Merci, chère mère, je t'ai vue, je n'ai plus besoin de rien.

— Bonsoir alors, et dors bien.

Il y avait encore des larmes dans ce mot.

Madame de Péreux regagna son appartement après avoir souri encore deux ou trois fois à son fils.

« Qu'a donc ma mère ce soir? se dit Edmond quand il fut seul. » Puis il relut une dixième fois la lettre de mademoiselle Devaux.

« Antonine!... » murmura-t-il en portant à ses lèvres la lettre de mademoiselle Devaux, et toutes les promesses d'un cœur aimant étaient dans ce seul nom que le jeune homme venait de prononcer.

« Mon Dieu! que votre volonté soit faite, dit madame de Péreux en tombant à genoux devant son lit, en joignant les mains et en éclatant en sanglots; mais faites que votre volonté ne soit pas rigoureuse. »

La pauvre mère, avec cet instinct maternel qui approche de la divination, avait, en lisant la lettre anonyme, compris toute la vérité.

Que ceux qui trouveront cela invraisemblable consultent leur mère, s'ils ont le bonheur de l'avoir encore.

XI

L'ESPOIR AU FOND DE TOUT.

—

Que l'espérance est une sainte et douce chose! l'espérance, cette planche que Dieu jette au milieu de tous les naufrages, à laquelle le naufragé peut toujours se cramponner un instant, et pendant cet instant croire encore à la vie; l'espérance, cette dernière et inépuisable monnaie du cœur avec laquelle notre pauvre nature humaine achète jusqu'à sa dernière émotion.

Oh! oui, l'espérance est douce, douce comme le rayon de soleil qui visite le cachot du prisonnier, douce comme le bruit de l'eau dans le désert, douce comme le premier sourire de la femme que l'on aime. De tous les biens dont Dieu a fait l'aumône au monde, l'espérance est évidemment le plus grand, sans doute parce qu'il est le dernier.

Madame de Péreux, à qui, par une de ces sensations électriques qui font que le cœur d'une mère correspond

directement avec le cœur de son fils,
comme s'il n'en pouvait jamais être
complétement séparé et comme si tous
deux battaient à côté l'un de l'autre,
avait compris tout de suite que cette
lettre présageait un malheur; et ses
craintes étaient devenues des certitudes en un instant.

A partir du moment où elle avait lu
l'avis d'Antonine, tout ce qu'elle avait
dit à son fils, elle le lui avait dit sans
savoir ce qu'elle disait.

Tout ce qu'elle savait, c'était qu'il
fallait écarter de l'esprit d'Edmond
les sombres pressentiments qui venaient de la frapper, elle, et la chose
n'avait pas été difficile, comme nous
l'avons vu; car Edmond, entouré de

soins depuis son enfance, ne soupçonnait pas la maladie dont il était atteint. Elle l'avait donc laissé plein de joie, tandis qu'elle était rentrée dans sa chambre en proie déjà à ces douleurs maternelles dont la vierge Marie est l'éternel et le divin exemple.

La pauvre femme avait longtemps pleuré ; elle s'était mise à genoux, — elle avait prié, — puis elle s'était relevée et elle s'était assise, les yeux fixés sur la terre, les mains jointes et ne murmurant que ces deux mots : Mon Dieu! mon Dieu! les deux premiers mots que trouve la douleur, comme si, malgré elle, elle se reportait instantanément à celui qui est la source de toute consolation.

Puis elle n'avait pu rester ainsi ; elle avait pris sa lampe, et, sur la pointe du pied, marchant de façon à ne pas être entendue, elle était venue jusqu'à la porte de la chambre de son fils, et elle avait regardé par le trou de la serrure. Il lui semblait qu'elle souffrait un peu moins en se rapprochant un peu de lui. Elle l'avait vu alors marchant, parlant, lui aussi, à voix basse, laissant son cœur répandre au dehors le trop plein de ses douces impressions.

« Être aimé de cette belle enfant, murmurait Edmond, ce serait le bonheur. Que de voluptés il doit y avoir dans l'amour chaste d'une jeune fille ! Et celle-ci m'aimera ; ma mère me l'a dit, ma bonne mère qui ne se trompe jamais quand il s'agit de moi. »

Et Edmond se regardait avec fierté; car l'homme qui se sent aimé est toujours fier de lui, plus fier de lui que ne l'a jamais été le plus grand conquérant après sa plus grande victoire.

Madame de Péreux n'avait pas entendu ce que disait son fils, mais elle l'avait deviné, et elle s'était dit : Il est heureux! et de là à se dire : Il est impossible que Dieu, dans sa justice et dans sa clémence, permette qu'il arrive un malheur à mon enfant, il n'y avait eu qu'un pas pour la pauvre mère.

Alors elle était rentrée dans sa

chambre; elle avait essuyé ses larmes, et, comme l'image de la joie de son fils restait devant ses yeux, elle avait vu ses noirs pressentiments s'amoindrir comme aux premiers rayons de l'aurore l'enfant voit les fantômes qui avaient épouvanté sa nuit, trembler d'abord et s'effacer ensuite.

Il arriva un moment où madame de Péreux raisonna avec Dieu, si nous pouvons nous exprimer ainsi, c'est-à-dire qu'elle évoqua sa vie irréprochable, sa tendresse filiale, son dévouement à son époux, son amour pour son fils, dont l'âme était faite d'un reflet de la sienne, et où elle resta convaincue que la fatalité ne pouvait pas détruire tant de saintes choses pieusement amassées pour l'avenir et bénies jusque-là du Seigneur.

Elle en vint presque à se demander pourquoi elle avait pleuré, et à rire de son enfantillage, et à se persuader à elle-même que ce qu'elle avait dit à son fils, à propos de cette lettre, était vrai. Cela pouvait l'être en effet, et puisque cette supposition s'était présentée à son esprit, pourquoi ne pas l'accepter aussi facilement que l'autre?

Il faut dire aussi que madame de Péreux était un de ces cœurs catholiques pleins de confiance dans la justice divine, et qu'elle aurait cru faire honte à Dieu en le soupçonnant longtemps de la punir sans cause; puis rien n'était changé autour d'elle : son fils était plus joyeux que de coutume, il aimait, il allait être aimé sans aucun doute; la vie lui souriait de tous les côtés, il se portait à merveille.

Fallait-il donc prendre pour la réalité une de ces craintes éternelles qui traversent l'esprit des mères, et n'était-il pas plus naturel de croire que depuis qu'Edmond s'occupait d'Antonine, depuis la veille, madame de Péreux, habituée à ne partager avec personne le cœur de son enfant, avait senti naître en elle une espèce de jalousie, qui obscurcissait tout à ses yeux?

Certainement il valait mieux croire cela; aussi Dieu permit-il qu'elle le crût et qu'elle s'essuyât une dernière fois les yeux en se disant :

« Allons, j'étais folle. »

Madame de Péreux se mit au lit; mais, malgré cette confiance nouvelle qu'elle venait de conquérir, vous comprenez bien qu'elle ne dormit pas. Seulement ses pensées prirent une autre direction, et au lieu de songer à l'avenir, elle redescendit dans le passé, et les larmes qui lui vinrent alors aux yeux étaient ces douces larmes que font couler les heureux souvenirs et qu'on retrouve toujours au fond de son âme, comme en plein midi et sous un ardent soleil on retrouve encore de la rosée au fond de l'herbe dont la cime est brûlée.

Pour Edmond, quand il eut longtemps songé à Antonine, quand, au contraire de sa mère, qui rappelait le passé, il eut fait les plus doux rêves pour l'avenir, il se souvint, dans un des intervalles de sa pensée, que madame de Péreux avait pleuré devant lui.

« Ma pauvre mère! se dit-il, elle paraissait avoir du chagrin ce soir, et moi, comme un égoïste, comme un véritable amoureux, je l'ai laissée rentrer chez elle sans m'inquiéter de ce qu'elle avait. C'est mal ce que j'ai fait là. »

Et à son tour Edmond prit sa lampe, et sur la pointe du pied aussi, il marcha jusqu'à la porte de madame de Péreux. Arrivé là, il prêta l'oreille, et ayant vu un rayon lumineux sous la porte, il frappa tout doucement.

Madame de Péreux poussa un cri en entendant frapper à sa porte à pareille heure, mais Edmond se précipita dans sa chambre en lui disant :

— Ne crains rien, ma bonne mère, c'est moi qui viens te voir.

— Tu n'es pas encore couché, cher enfant, s'écria madame de Péreux, est-ce que tu es malade?

— Oh! non, ma mère, il s'en faut bien ; mais je n'ai pas voulu me coucher sans être venu te demander si le chagrin que tu avais ce soir n'existe plus.

—Merci, cher enfant ; ce chagrin,

je t'en ai donné l'explication et tu as vu que c'était pure chimère.

— Tant mieux, ma mère, car moi, je me sens l'âme toute joyeuse.

— Tu es amoureux, et tu penses à Antonine !

— Oui, et toi qui ne dors pas à deux heures du matin, à quoi penses-tu?

— Je pense à toi, à ta jeunesse, à ton avenir.

— A mon bonheur, que je te dois.

— Mais qui ne dépend plus de moi maintenant.

— Si, ma mère, il dépend toujours de toi, car tu es associée à tuos les rêves que je fais.

— Tu fais donc des rêves?

— Depuis deux heures.

— Et que rêves-tu?

— Je rêve un doux et tranquille avenir, un bonheur complet entre une femme, une mère et un ami qui m'aiment, et à qui je rendrai leur triple affection. Je suis jeune, je ne suis pas laid, n'est-ce pas, ma mère? fit Edmond en souriant, puisque je te ressemble un peu; nous avons de la fortune, et je sens que décidément j'aime Antonine; je puis bien la demander à son père, quand je serai sûr qu'elle m'aime un peu, et il n'aura aucune raison de me la refuser. Nous passerons l'hiver à Paris; l'été, nous irons sur les bords de la Loire, le fleuve des amours poétiques et sentimentales, et nous serons aussi heureux que des êtres humains peuvent l'être. Qu'en penses-tu, ma mère?

Madame de Péreux regardait son fils en souriant, et elle lui dit :

— N'est-ce pas la première chose que je t'ai dite quand tu m'as parlé de la possibilité de cet amour?

— C'est que tu es la confidente de tout ce que je pense, ma bonne mère. Je ne te cache rien, à toi. Aussi, je t'avoue que dès demain je vais faire tout au monde pour rendre Antonine amoureuse folle de ton fils.

— Cela ne sera pas long.

— Nichette m'a donné un moyen et m'a promis ses conseils.

— Ah! Nichette est du complot?

— Oui, chère mère; c'est un bien bon petit cœur, Nichette.

Pendant deux heures, Edmond et madame de Péreux causèrent du passé, du présent et de l'avenir : elle appuyée sur son coude, lui assis sur le pied du lit; tous deux jeunes par leurs idées, confiants par leur tendresse.

Quand, à quatre heures du matin, Edmond rentra dans sa chambre, madame de Péreux se dit encore une fois : « J'étais folle! » et elle s'endormit sans souvenir et sans crainte.

J'avais bien raison de vous dire, en commençant le chapitre, que de tous les biens dont Dieu a fait l'aumône au monde, l'espérance est le plus grand.

Quoiqu'il se fût couché tard, à huit heures Edmond était levé et s'acheminait vers l'église Saint - Thomas-d'Aquin.

XII

JEUNESSE, AMOUR, PRIÈRE.

Lorsque Edmond arriva à l'église Saint-Thomas-d'Aquin, l'église commençait déjà à s'emplir de monde; il se glissa donc au milieu de ceux qui entraient, pour chercher Antonine, sans oublier toutefois qu'il était dans un lieu saint; et, après avoir fait pieusement le signe de la croix, il se dirigea vers l'autre côté de la nef.

Dans son esprit et dans son cœur, le nom d'Antonine et de Dieu, l'amour et la foi, se mêlaient facilement, comme se mêlent et se confondent deux flammes du même foyer, deux parfums de la même essence.

Antonine avait sa chaise gardée à l'église à côté de celle de madame Angélique; mais Antonine, qui venait à l'église pour prier et non pour être vue, qui y venait le matin avec le lever du soleil, à l'heure où la prière a tout l'espace libre dans la nature, à l'heure où dorment encore ceux qui ne prient jamais, Antonine, disons-nous, s'agenouillait toujours devant un des autels particuliers où les prêtres officient le plus souvent à la lueur d'une lampe et devant cinq ou six fidèles au plus. Nous nous permettrons même une réflexion à ce propos.

La religion matinale, si nous pouvons nous exprimer ainsi, a un aspect plus chrétien et plus saisissant que la religion du grand jour, entourée de ses pompes et parfumée d'encens. A notre avis, il y a un reste de paganisme dans ces fêtes dorées, dédiées à ce Dieu dont le fils est venu sur la terre pour nous apprendre la modestie et l'humilité. Au lieu d'assister aux grandes cérémonies religieuses qui mettent à l'air toutes les richesses de leur sacristie, qui emplissent le temple de fleurs et de lumières, et où parade un suisse argenté qui trouble votre recueillement du bruit périodique de sa hallebarde; au lieu de cela, entrez le matin, quand les portes s'ouvrent, dans une église comme celle où venait d'entrer Edmond, et à travers la demi-obscurité qui y règne encore, au milieu du silence qui devrait régner toujours dans la maison du Seigneur, dirigez-vous vers un des modestes autels que nous indiquions tout à l'heure. Là, vous verrez un prêtre simplement vêtu, quatre ou cinq personnes agenouillées et qui viennent à la messe pour y venir, et non pour que l'on dise qu'on les y a vues; agenouillez-vous aussi, et, dans ce coin obscur de l'église, vous verrez Dieu vous apparaître plus majestueux et plus grand que sur le maître-autel ruisselant d'or et de cierges. De là votre esprit se reportera sans obstacle aux premiers chrétiens servant, louant et chantant le Dieu nouveau dans les catacombes de Rome, séparés seulement par leurs bourreaux du ciel qu'ils venaient de découvrir.

Vous vous expliquerez alors les saints et consolants mystères de cette religion chrétienne, arbre colossal éclos dans les entrailles de la terre, dont les rameaux puissants ont brisé le roc qui voulait les comprimer, et à l'ombre duquel viennent s'asseoir aujourd'hui les générations reconnaissantes. Si bon que vous soyez entré dans une église, vous en sortirez toujours meilleur; entrez-y donc.

On a souvent parlé des églises de village comme étant l'expression de la foi en même temps la plus simple et la plus agréable au Seigneur. On avait raison. L'église de village, dont le clocher sans prétention domine tous les toits de chaume, comme un regard maternel étendu sur des enfants, dont l'horloge de faïence sonne l'heure du travail, cette autre prière, placée entre une place où jouent les enfants et le cimetière où dorment les morts, posée là comme l'emblème palpable de la vie, à la fois comme le but à atteindre et comme le but atteint, l'église de village, nous le répétons, est un spectacle consolant et doux. C'est là que l'enfant est baptisé, c'est là qu'il fait sa première communion, c'est là qu'il se marie, c'est là qu'il vient chercher la dernière prière dont il a besoin quand Dieu le rappelle à lui. Toute sa vie est là. Elle entre par une porte et sort par l'autre.

Heureux ceux qui n'ont jamais perdu de vue le clocher du village où ils sont nés !

A Paris, il n'en est pas de même. La société tend continuellement à vous éloigner de Dieu; on ne sait pas où l'on a été baptisé; on ne connait pas le prêtre qui vous a donné la communion, ou si on le connaît, on ne le voit plus, on habite vingt quartiers, on se marie dans n'importe quelle église et l'on reçoit l'extrême-onction du premier prêtre venu.

Aussi voyez quelle couleur toute particulière ont les écrits des gens qui sont nés dans un village et qui y ont vécu leurs vingt premières années. Leurs sentiments et leur pensée conservent un parfum dont heureusement ils ne peuvent se défaire : c'est comme une odeur de thym, c'est comme un reflet éternel de jeunesse et de printemps. Les écrivains des villes rapportent tout à la société, les écrivains venus des campagnes rapportent tout à Dieu. Le clocher, les fêtes tranquilles, le travail des champs, la chanson monotone du laboureur qui rentre, la statuette de la Vierge entourée d'offrandes et de buis, le curé qui passe et que chacun salue, tout cela est dans leur style comme dans leur mémoire, dans l'avenir qu'ils se font comme dans le passé qu'ils se rappellent.

Dès qu'ils ont un moment à eux, ils vont revoir tout ce dont ils se souviennent, et s'arrêtent, des larmes dans les yeux, devant la peinture grossière qui représente Daniel ou saint Sébastien, qui fait rire le Parisien quand il la voit, et qui est pour lui pleine de tranquilles émotions. Toute son enfance est dans cette peinture que, malgré les progrès du siècle, on a eu l'esprit de ne pas remplacer. On ne sait pas combien de poésies sont attachées à certains objets que tout le monde trouve ridicules. Moi, j'ai une petite tasse à fleurs bleues dans laquelle je buvais du lait quand j'avais quatre ans, et sur laquelle j'ai fait plus de cinquante élégies que je n'ai pas écrites, bien entendu, mais qui sont attachées à cette tasse comme les fleurs bleues qui y sont peintes.

Heureux encore ceux qui, lorsqu'ils écrivent un livre, peuvent dépeindre le village où ils ont vu le jour, et qui entendent de temps en temps dans leur chambre les gros souliers de quelque brave compatriote qui leur apporte une galette et des nouvelles du pays!

Bref, consultez les gens qui ont le plus voyagé, ils vous diront tous qu'ils ont toujours trouvé sur leur route un petit village, avec une mare et de l'aubépine, où ils eussent voulu s'arrêter pour y terminer leur vie, ce voyage vers Dieu.

Il y avait quelques instants qu'Edmond était dans l'église lorsqu'il vit entrer Antonine, accompagnée de madame Angélique. Il fut pris d'un battement de cœur violent, et tout en désirant être vu de la jeune fille, il craignit qu'elle ne le vît trop tôt.

Alors il se cacha derrière une colonne.

Mademoiselle Devaux passa près de lui sans le voir, et alla s'agenouiller dans la chapelle où l'on officiait, au fond de l'église.

La messe commençait à peine.

Antonine se signa, ouvrit son livre et commença sa prière.

Edmond était un cœur trop religieux pour vouloir troubler mademoiselle Devaux dans ses dévotions; il ne voulait qu'une chose, c'était être vu d'elle, et lui prouver ainsi qu'il cherchait toutes les occasions de la rencontrer. Il ne fit donc aucun mouvement qui pût la distraire, mais il se rapprocha de la chaise sur laquelle elle était agenouillée, et resta en contemplation devant ou plutôt derrière la jeune fille.

Antonine lui paraissait encore plus

charmante que la première fois. Avez-vous quelquefois ou une fois même, cela suffit, été amoureux d'une jeune fille, et vous êtes-vous trouvé dans la position où se trouvait Edmond vis-à-vis d'Antonine, séparé d'elle physiquement par un espace d'un demi-pied, séparé d'elle moralement par des centaines de lieues? Ainsi Edmond sentait qu'il était amoureux d'Antonine; quelque chose lui soufflait qu'il n'était pas tout à fait indifférent à la fille du docteur; il était très-possible qu'un jour il fût son mari et qu'elle lui appartînt corps et âme; il l'avait devant lui, elle lui avait écrit, il n'avait, pour se faire voir d'elle, qu'à lui toucher le bout du bras ou à lui dire un seul mot à l'oreille, et cependant il ne le faisait pas, et il tremblait maintenant d'être aperçu comme l'enfant qui a commis une faute tremble d'être grondé par sa mère.

Après un certain temps écoulé, après certaines formalités accomplies, il pouvait espérer que ce beau corps qui se penchait sur sa chaise, que ces blanches mains qui tournaient les pages d'un livre, que ces grands yeux noirs qui lisaient les mots, que répétait la bouche et que comprenait le cœur d'Antonine, que tout cela serait à lui sans réserve, sans honte, sans regret, et à l'heure qu'il était, et quoiqu'il sentît bouillonner dans son cœur tous les sentiments que la présence d'Antonine éveillait en lui, il n'osait adresser la parole à cette femme qu'il aimait, et il mettait son bonheur, et cela après des hésitations sans nombre, à toucher le bas de sa robe avec le bout de son pied.

Cependant le hasard, ce dieu des amoureux, vint au secours de la timidité d'Edmond.

Antonine était restée à genoux depuis qu'elle était arrivée. De cette façon la chaise sur laquelle elle eût pu s'asseoir était libre, et c'était sur cette chaise qu'Edmond appuyait ses deux mains, car il était à genoux aussi. Mais notre héros était plongé dans une telle contemplation, que lorsque le *Credo* arriva et que tout le monde se rassit, il ne songea pas à faire comme tout le monde, si bien qu'Antonine, qui ignorait qu'il y eût une personne derrière elle, sentit qu'en se rasseyant sa tête heurtait les mains de quelqu'un.

Elle se retourna alors en disant : Pardon... Mais, en se détournant, elle reconnut Edmond et ne put retenir un petit cri.

— Qu'avez-vous? demanda madame Angélique, saintement absorbée par son livre de messe.

— Rien, répondit Antonine, je me suis fait un peu mal en m'asseyant.

Madame Angélique s'assit à son tour et continua de marmotter son oraison.

Il y a des gens qui prient par conviction, ceux-là prient avec le cœur. Il y en a d'autres qui prient par habitude, ceux-là prient avec la bouche.

Madame Angélique, vertu s'il en fut jamais, était de ces derniers.

Le petit cri d'Antonine avait tiré Edmond de sa rêverie contemplative.

« Elle m'a vu, se dit-il. Pourvu que ma présence ici ne la blesse pas. Ah! si je pouvais lui dire tout ce que j'ai dans le cœur, tous les rêves que j'ai faits cette nuit. Si je pouvais lui faire comprendre que ma mère l'aime déjà et remplacera la sienne, si j'osais lui avouer que, depuis deux jours, sa pensée ne me quitte pas... Mais elle ne croirait jamais que mon cœur a fait tant de chemin en deux jours. Puis sa gouvernante est là, ce serait compromettre Antonine que de lui parler devant elle, et cependant il faut que je lui parle. »

De son côté, Antonine disait ceci :

« Il est là. Comment a-t-il pu savoir que je viendrais ici? En tout cas, ce n'est pas le hasard qui l'amène, il vient pour moi, pour moi seule. Il m'aime donc déjà? A-t-il reçu ma lettre? Que va-t-il faire quand nous sortirons? osera-t-il me parler? J'espère bien qu'il n'aura pas l'air de me connaître. Et cependant il a le droit de me demander l'explication de ma lettre. Sait-il qu'elle vient de moi? Pourvu que madame Angélique ne se doute de rien! Comme il est pâle... »

En effet, Edmond, qui s'était couché à quatre heures du matin, et qui s'était levé à huit, était encore plus pâle que de coutume.

Antonine eût bien voulu se retourner, car elle sentait le regard d'Edmond qui la dévorait, et elle n'osait pas bouger, car elle devinait qu'Edmond se lierait à tous ses mouvements. Son cœur aussi battait violemment.

Ces deux êtres avaient la même pensée, cheminaient vers le même résultat; tous deux eussent voulu se parler à cœur ouvert, et tous deux se fuyaient, l'un par respect, l'autre par pudeur.

L'amour est fait de toutes ces choses-là, choses indescriptibles, invisibles comme le parfum et comme le chant, qu'on respire et qu'on entend sans pouvoir les saisir ni les analyser.

La messe était terminée qu'Antonine était encore à sa place, si bien que madame Angélique, qui avait fermé son livre, lui dit :

— Eh bien! venez-vous?

« Est-ce à moi qu'elle pense?.... » se demanda Edmond.

Antonine, en s'en allant, jeta un coup d'œil de côté. Elle ne vit pas Edmond, mais elle l'entendit.

« Viendra-t-il aujourd'hui chez mon père? » se demanda-t-elle.

Lorsque Antonine porta la main au bénitier, avant de quitter l'église, elle vit Edmond qui sortait par la porte opposée à celle qu'elle allait franchir.

« Ce qu'il fait là est bien, pensa-t-elle. Il n'abuse pas de la position. »

Le cœur d'Antonine avait hâte d'être reconnaissant de quelque chose à Edmond.

Quant à lui, cet amoureux de l'amour, il avait ce qu'il voulait avoir, et peu de gens avaient fait en deux jours autant de chemin que lui.

Heureusement il ignorait à quoi il devait cela.

Quand Antonine fut sortie de l'église, elle aperçut Edmond qui, à vingt pas devant elle, prenait la route qu'elle allait prendre.

Madame Angélique marchait comme une consciencieuse dévote qui ne veut pas, en disant une seule parole, risquer de perdre le bénéfice du sacrifice divin auquel elle vient d'assister.

Au moment où Antonine allait rentrer chez elle, Edmond se retourna et porta à ses lèvres la lettre qu'il avait reçue la veille.

Mademoiselle Devaux rougit et baissa les yeux.

« C'est bien elle qui m'a écrit, se dit notre héros, et quoi qu'il arrive, je la remercierai de sa lettre; mais comment lui parler? »

Il y avait dix minutes qu'Antonine avait disparu, qu'Edmond était encore les yeux fixés sur les places qu'avaient touchées ses petits pieds.

Antonine, rentrée dans sa chambre,

eût bien voulu se mettre à sa fenêtre, mais la jalousie était levée, la fenêtre ouverte, et elle eut peur d'être vue du jeune homme qui allait se décider à quitter la rue de Lille, quand il entendit une petite voix lui dire tout bas :

— Déjà en observation, bel amoureux ?

Edmond se retourna et reconnut Nichette qui tenait un carton de modes à la main.

— Vous ici, Nichette ? lui dit-il.

— Oui, moi ici. Ne vous ai-je pas promis de m'occuper de vous, oublieux ?

— Et vous allez vous en occuper déjà ?

— Oui.

— Qu'allez-vous faire?

— Je vais monter chez mademoiselle Devaux.

— Sous quel prétexte?

— Sous prétexte de lui faire des chapeaux et des bonnets, et de lui en montrer.

— Et si elle ne vous reçoit pas?

— Elle me recevra, soyez tranquille.

— Vous allez la voir.., que vous êtes heureuse!

— Et vous, l'avez-vous vue?

— Oui.

— A la messe?

— Justement.

— Vous voilà du bonheur pour toute votre journée.

— Au moins.

— Et à qui le devez-vous?

— A elle.

— Et à moi, ingrat, qui vous ai donné le conseil d'aller à l'église.

— C'est juste, chère Nichette.

— Maintenant adieu.

— Ainsi, réellement, vous allez entrer?

— Vous allez bien le voir.

— Et vous lui parlerez de moi?

— Bien entendu.

— Prenez garde.

— N'ayez pas peur. Je connais le cœur des femmes. Je veux que vous soyez heureux, et que vous me deviez votre bonheur. Laissez-moi faire, et venez me voir aujourd'hui à deux heures ; j'aurai bien des choses à vous conter.

— Pas d'imprudence.

— Je vous quitte, poltron ; à deux heures.

— Soyez tranquille.

Nichette sauta gracieusement du trottoir sur la chaussée, et entra dans la maison de M. Devaux, après avoir souri deux ou trois fois encore à Edmond.

« Quelle charmante fille! dit celui-ci en s'éloignant ; quel cœur d'or! Et dire qu'il y a des gens qui méprisent les grisettes!... »

XIII

ANTONINE ET NICHETTE.

Il était de bien grand matin pour que Nichette se présentât chez mademoiselle Devaux; mais Nichette avait fait cette réflexion, que c'était dimanche, qu'on était en été, qu'il faisait beau, qu'il y avait des chances pour qu'Antonine allât à la campagne avec son père; car Nichette était encore imbue de cette vieille théorie, que tout le monde doit aller à la campagne le dimanche, et elle s'était dit qu'il ne faut pas remettre au lendemain ce qu'on peut faire le jour même.

Elle avait donc mis un joli chapeau de paille, un petit châle, vulgairement appelé thibet, et, après avoir empli son petit carton de toutes les merveilles écloses sous ses doigts, elle avait pris le chemin de la rue de Lille, où elle avait rencontré Edmond.

Quand Nichette se présenta, mademoiselle Devaux était dans le cabinet de son père, qu'elle venait embrasser tous les matins au milieu de son travail.

— Mademoiselle, vint dire madame Angélique à Antonine, il y a une personne qui vous demande.

— Comment s'appelle-t-elle? demanda Antonine.

— Elle a dit que vous ne la connaissiez pas : elle tient un carton à la main.

— C'est quelque marchande de colifichets, fit M. Devaux. Allons! va faire tes emplettes pour ton été!

M. Devaux embrassa sa fille, et se remit à écrire un livre auquel il travaillait depuis deux ans, et qui devait éclairer la médecine sur le véritable siége de la vie.

Antonine courut dans sa chambre.

— Eh bien! où est la personne qui me demande? dit-elle.

— Elle attend dans l'antichambre, répondit madame Angélique.

— Faites-la entrer.

Nichette entra.

Mademoiselle Devaux ne put s'empêcher d'admirer la charmante tête de la modiste, admiration qu'elle laissa voir et qui ne déplut pas à notre amie.

— Mademoiselle Devaux? demanda Nichette.

— C'est moi, répondit Antonine.

Madame Angélique, dont la mission était de ne pas quitter Antonine d'une semelle, écoutait tout debout, et les mains jointes sur son ventre; car madame Angélique était grasse, et, comme toutes les femmes grasses, tendait le ventre en avant, ce qui lui permettait de reposer ses mains dessus.

Nichette eût bien voulu éloigner ce témoin qu'elle n'avait pas prévu ; car elle comprenait que, devant lui, mademoiselle Devaux n'oserait pas dire toute sa pensée.

— Je viens, mademoiselle, reprit Nichette, pour vous montrer des modèles de bonnets, de tours de tête, de broderies.

— Voyons, voyons, fit Antonine en s'asseyant et en fixant les yeux sur le carton que Nichette avait déposé sur une chaise, et qu'elle allait ouvrir.

— C'est ce qu'il y a de plus nouveau, reprit Nichette.

— Est-ce que vous venez du magasin de la rue du Bac, du *Petit-Saint-Thomas*?

— Non, mademoiselle, répondit Nichette, qui comprit que l'occasion d'éloigner la gouvernante se présentait, si, comme elle n'en doutait pas, mademoiselle Devaux avait eu la curiosité d'apprendre le nom d'Edmond; je n'appartiens pas à un magasin, je travaille chez moi, et je viens, de la part de personnes qui vous connaissent, et pour lesquelles je travaille, de la part de madame de Péreux.

— Ah! vous connaissez madame de

Péreux? fit Antonine avec étonnement, avec joie même.

— Oh! beaucoup, mademoiselle; elle est une de mes meilleures pratiques.

— Et c'est elle qui vous a donné mon adresse?

— Elle-même.

— C'est étrange!

— Pourquoi, mademoiselle?

— Ma bonne Angélique, dit alors Antonine en s'adressant à sa gouvernante au lieu de répondre immédiatement à Nichette, voulez-vous être assez bonne pour me rendre un service que vous seule pouvez me rendre?

— Lequel?

— Veuillez aller chez ma couturière, lui dire qu'au lieu de me faire la robe bleue que je lui ai commandée, elle me fasse une robe rose, s'il est encore temps de changer d'avis.

— J'y vais, fit la bonne dame, qui était bien loin de soupçonner pourquoi Antonine préférait tout à coup le rose au bleu.

— C'est un peu loin, reprit Antonine; mais on ne se mettra pas à table sans vous.

Cette péroraison parut flatter madame Angélique, qui remit son châle et son chapeau, et qui partit.

— Je pourrais envoyer le domestique, lui dit Antonine tout bas, mais il me ferait quelque maladresse.

— Vous avez raison.

— Aimez-vous les bonnets? madame Angélique.

— Pourquoi?

— Les aimez-vous ?

— Oui, je les aime.

— C'est tout ce que je voulais savoir.

« Elle va me faire cadeau d'un bonnet, se dit la gouvernante en descendant : pourvu qu'elle me le choisisse avec des rubans ponceau ? »

« Le nom a fait son effet, se dit Nichette ; tout va bien. Elle est charmante, cette petite fille. »

Pendant ce temps, Nichette avait ouvert son carton.

— Asseyez-vous donc, lui dit Antonine, vous serez plus commodément;

et, en même temps, mademoiselle Devaux rapprochait sa chaise de celle de Nichette, et posait le carton sur ses genoux.

— Puisque vous aimez le rose, mademoiselle, dit Nichette, voilà des petits bonnets de nuit roses qui vous plairont.

— Ainsi, c'est vous qui vendez à madame de Péreux? reprit Antonine.

« Nous y voilà, pensa Nichette. »
— Oui, mademoiselle, répondit-elle.

— Quel âge a-t-elle, madame de Péreux?

— Elle est encore toute jeune : elle a trente-neuf ans; et c'est jeune, ajouta Nichette du ton le plus naturel, quand

on songe qu'elle a un fils qui lui-même
a vingt-trois ans.

— Ah! elle a un fils, dit Antonine
en ayant l'air de prêter la plus grande
attention à un bonnet que Nichette
venait de lui passer.

— Oui, reprit la modiste, elle a un
fils, un jeune homme charmant, doux,
plein d'esprit et de cœur, et qui aime
sa mère!...

— Vous le connaissez? demanda
Antonine, dont la voix commençait à
trembler.

— Beaucoup; je le vois souvent chez
madame de Péreux.

— Ce petit bonnet me convient assez, fit Antonine pour avoir l'air de
changer de conversation.

— Voulez-vous l'essayer, mademoiselle? répliqua Nichette en se levant et en se disposant à coiffer Antonine.

— Volontiers.

— Il vous va à merveille, reprit Nichette après avoir regardé dans la glace l'effet que faisait le bonnet sur la tête de mademoiselle Devaux.

— Combien vaut-il ?

— Oh! très-peu de chose. Nous parlerons du prix plus tard, quand vous aurez fait votre choix.

Antonine ôta le bonnet, le mit de côté, et, se rasseyant, elle dit :

— Qu'avez-vous encore à me montrer?

On fouilla de nouveau le carton.

Nichette se gardait bien de reparler

la première d'Edmond. Du reste, elle était bien sûre qu'Antonine se chargerait de ce soin. Cela ne se fit pas attendre.

— Je crois bien que mon père connaît ce M. Edmond de Péreux, reprit Antonine.

— Edmond! c'est justement Edmond qu'il s'appelle! Vous avais-je dit son nom de baptême? demanda Nichette.

— Non; mais j'ai trouvé sa carte dans le cabinet de mon père, je me le rappelle maintenant, répondit Antonine en rougissant.

— En effet, il a dû venir demander une consultation à M. votre père. Il souffrait un peu, et sa mère s'inquiète si facilement, qu'il a voulu la rassurer.

— Et elle est rassurée?

— Complétement, dit Nichette qui parlait ainsi pour dire quelque chose et pour paraître ignorer la véritable cause de la visite d'Edmond.

« Pauvre femme, pensa Antonine, elle ne se doute de rien. »

Puis elle reprit tout haut :

— C'est hier qu'il est venu.

— Et il n'est pas venu ce matin? demanda Nichette.

— Non.

— Vous en êtes bien sûre, mademoiselle ?

— Oui, bien sûre, fit Antonine en

rougissant de nouveau. Devait-il donc venir ?

— Je croyais l'avoir rencontré dans la rue tout à l'heure.

Antonine ne répondit rien, et baissa les yeux.

Comme vous le voyez, Nichette la poussait dans ses derniers retranchements.

— Il me faudrait, reprit mademoiselle Devaux, un bonnet pour cette dame que vous avez vue ici et que j'ai envoyée chez ma couturière.

— Dans le genre de celui-ci ?

Et Nichette montrait un bonnet nouveau.

— Oui, ce serait cela.

— J'ai vendu le pareil à madame de Péreux.

Antonine ne répondit pas; elle craignait déjà d'avoir trop parlé d'Edmond, et cependant elle ne se doutait pas que Nichette eût tant d'intérêt à savoir ce qu'elle pensait et ce qu'elle disait de lui.

La modiste comprit cette retenue; mais elle se promit bien de faire parler encore l'innocente enfant.

— Oui, continua-t-elle, c'est même son fils qui l'a choisi, ce bonnet. Il a tant de goût! Figurez-vous, mademoiselle, qu'il s'occupe de sa mère comme un frère de sa sœur, comme un mari de sa femme. Il mérite bien d'être heureux, et cependant...

— Et cependant?... répéta Antonine.

— Et cependant, reprit Nichette, depuis deux ou trois jours, je ne sais pas ce qu'il a, mais il semble triste, ou tout au moins soucieux. On voit qu'il est préoccupé de quelque chose. Sa mère me parlait de cela hier; sa mère m'aime beaucoup, elle m'a connue toute jeune, et elle me conte toutes ses impressions.

— Et sait-elle ce qui rend son fils soucieux? demanda Antonine en faisant glisser de la dentelle entre ses doigts et en ayant l'air d'être plus préoccupée de cette dentelle que de ce qu'elle disait.

— Oui, mademoiselle. Oh! son fils ne lui cache rien.

— Eh bien! qu'y a-t-il?

— Il voudrait se marier.

— Pourquoi ne se marie-t-il pas?

Avons-nous besoin de dire que le cœur d'Antonine battait depuis le commencement de cette conversation, à laquelle elle se laissait entraîner irréstisiblement, tout en se disant qu'elle avait tort de causer ainsi avec une femme qu'elle ne connaissait pas, et qui, pour peu qu'elle le voulût bien, surprendrait vite son secret.

Mais Antonine pouvait-elle craindre, en réalité, de faire connaître un sentiment dont elle-même ne se rendait pas compte? Quant à deviner que

Nichette fût envoyée par Edmond, elle était d'une innocence telle, que, le lui eût-on dit, elle eût encore hésité à le croire.

— Il ne se marie pas, continua Nichette, parce qu'il ignore encore si la jeune fille qu'il aime, lui, l'aimera, elle.

— Il ne lui a donc jamais parlé?

— Jamais; il l'a vue seulement.

— Et c'est seulement en la voyant qu'il l'a aimée?

— Oui; c'est extraordinaire, n'est-ce pas, mademoiselle? mais il paraît que cette jeune fille est si belle, si gracieuse, qu'elle a l'air si doux et si chaste, qu'il n'y a besoin de la voir qu'une seule fois pour lui vouer sa vie.

Nichette craignait d'avoir été trop loin.

— Tenez, mademoiselle, ajouta-t-elle brusquement, voici des petits cols avec une valencienne bien simple, mais bien convenable pour une jeune fille.

— Oui, oui..., balbutia Antonine, ce col est d'un goût charmant...; je le prendrai sans doute.

— Ainsi, ces deux bonnets et ce col?... fit Nichette, qui voulait laisser à mademoiselle Devaux le temps de se remettre de son émotion.

— Oui, répondit Antonine, sans trop savoir ce qu'elle disait.

Nichette se leva.

Si Antonine ne se fût pas retenue, elle lui eût dit :

« Eh bien! vous ne me parlez plus d'Edmond ? »

Nichette, qui ne la quittait pas des yeux, devina ce qui se passait en elle; mais, pour ne pas se trahir, elle se promit encore une fois d'attendre que la fille du docteur ramenât elle-même la conversation sur M. de Péreux.

— Rien de ce qui est là-dedans ne vous convient plus, mademoiselle? demanda Nichette en refermant le carton.

— Non, merci, répondit Antonine.

Nichette reprit et remit lentement ses gants qu'elle avait déposés sur la cheminée; et cela, pour donner à Antonine le temps de trouver un moyen de renouer la conversation au sujet d'Edmond.

Antonine cherchait en vain.

Il n'y avait pas de doute pour elle que c'était d'elle qu'Edmond était amoureux, et elle prenait grand plaisir à se l'entendre dire, mais elle n'osait reparler de lui avec trop d'affectation. Plus le temps s'écoulait, plus elle voyait de difficultés à entretenir Nichette de M. de Péreux, sans que celle-ci en fût au moins étonnée.

— Eh bien ! mademoiselle, je vous quitte, fit Nichette quand elle eut remis ses gants, et j'espère que vous voudrez bien me continuer votre pratique.

— Où demeurez-vous? demanda Antonine.

Nichette lui donna son adresse.

— Je vais vous payer, dit mademoiselle Devaux.

— C'est inutile, mademoiselle; vous me payerez ces trois articles une autre fois.

Nichette se dirigea vers la porte.

Alors Antonine, en la voyant s'éloigner, aima mieux dire une chose qu'elle ne voulait cependant pas dire, que de ne pas parler d'Edmond.

Au moment où la modiste mettait la main sur la clef, Antonine lui dit d'un ton plein d'hésitation encore :

— Mademoiselle...

«Et, toute rouge, elle baissa les

yeux, car elle ne savait qu'ajouter.

— Vous avez quelque chose à me dire? mademoiselle, fit Nichette.

— Oui, refermez cette porte.

Nichette obéit.

— Ce que je vais vous dire va vous sembler bien étrange; mais je vous avoue que ce M. Edmond de Péreux m'intéresse beaucoup.

Nichette ouvrit la bouche pour parler.

— Je m'explique, dit Antonine; il m'intéresse, en ce sens, que je sais sur lui une chose que mon père et moi seule savons.

— Qu'est-ce donc?

— M. Edmond est plus malade, beaucoup plus malade qu'il ne le croit.

Puisque vous le connaissez, faites-lui comprendre qu'il faut qu'il se soigne..., qu'il parte; non, qu'il ne parte pas, mais qu'il ait bien soin de lui, et qu'il vienne souvent voir mon père, qui le soignera comme son fils. Vous comprenez, n'est-ce pas, mademoiselle, que je dois porter intérêt à ce jeune homme, depuis que j'ai appris que sa santé, sa vie, sont gravement compromises!...

Nichette, qui s'attendait peu à cette confidence, et qui avait pour Edmond une affection de sœur, était devenue toute pâle.

— C'est sérieux, ce que vous dites, mademoiselle?

— Très-sérieux.

— M. Edmond est malade?

— Très-dangereusement.

— Gustave ne se trompait donc pas..., murmura Nichette.

— Que dites-vous? demanda Antonine.

— Je dis, mademoiselle, répondit Nichette avec une émotion qu'elle ne pouvait cacher, que vous êtes un ange, et que je ne m'étonne plus qu'Edmond vous aime tant.

— Que signifie cela?... s'écria Antonine.

— Cela signifie, mademoiselle, qu'après tout il est inutile de feindre; que cette jeune fille que M. de Péreux aime, c'est vous; que vous, vous l'aimez déjà, peut-être, sans vous en apercevoir; mais ceci est un secret entre nous deux, mademoiselle, et je vous jure que je ne le révélerai à personne. Un jour, je vous expliquerai tout cela, et vous verrez que vous me serez un peu reconnaissante de ce que je fais. Songez, mademoiselle, qu'Edmond est malade; que le moindre chagrin peut aggraver sa maladie, et que son bonheur et sa vie sont entre vos mains.

Antonine était confondue par cet aveu qu'avait laissé échapper l'émotion de Nichette; mais elle répondit bientôt avec toute la naïveté de son âme, et comme si elle eût deviné, sans explication, qu'elle avait affaire à un cœur capable de comprendre le sien.

— Ne dites rien de cette maladie à

sa mère. On le sauvera sans qu'elle le sache.

— Votre amour suffira pour cela, mademoiselle, et il va être bien heureux quand il va savoir que vous l'aimez.

— Mais je n'ai pas dit...

— Silence! fit Nichette, on vient.

En effet, madame Angélique venait de rentrer et ouvrait la porte de la chambre d'Antonine.

— Ainsi, mademoiselle, fit Nichette, vous avez mon adresse, et si vous avez besoin de quelque chose, vous pouvez m'écrire un mot, j'accourrai.

Antonine, qui aurait eu peine à trouver une parole, répondit par un signe de tête.

Nichette salua et sortit.

— Vous aurez votre robe rose, dit dame Angélique à Antonine.

— Très-bien, répliqua celle-ci; voici un bonnet pour vous, ma chère Angélique, vous convient-il?

— Il a justement des rubans ponceau. Ah! chère enfant, que cela est charmant à vous d'avoir pensé à moi.

Et dame Angélique embrassa Antonine pour la remercier.

XIV

UNE FATALITÉ.

Quand Nichette s'était présentée le matin chez Antonine, elle s'attendait peu au résultat que sa visite avait eu. Venue confiante et joyeuse afin de savoir si Edmond avait quelques chances d'être aimé, elle s'en revenait toute triste et tout émue, après avoir appris que le pauvre garçon était atteint d'un mal qui mettait sa vie en danger. Nichette était épouvantée. La maladie, la crainte, la tristesse étaient si peu dans ses habitudes, que son esprit se frappa immédiatement de ce que lui avait dit mademoiselle Devaux, et qu'elle se demanda ce qu'elle allait répondre à Edmond quand il allait venir à deux heures savoir des nouvelles. Elle eut un instant l'envie de se sauver. Elle voyait tout en noir et elle ne voulait rien dire ni rien faire avant d'avoir consulté Gustave et de lui avoir fait part de ce qu'elle venait d'apprendre.

En conséquence, encore toute à l'émotion que lui avait causée le sinistre détail dont mademoiselle Devaux lui avait fait part, elle écrivit à Daumont :

« Mon cher Gustave, viens me voir
« au reçu de cette lettre ; notre pauvre
« ami Edmond a bien besoin de tous
« ceux qui l'aiment. Tu te rappelles
« que souvent je te voyais triste et que
« je te demandais ce qui te chagrinait
« ainsi? Tu me répondais alors que tu
« avais des craintes pour sa santé ; que
« tu l'entendais tousser quelquefois,
« que son père était mort à trente ans,
« et que plus Edmond approchait de
« cet âge, plus tu avais peur pour lui.
« Eh bien ! cher ami, tes pressenti-
« ments ne t'avaient pas trompé. Ed-

« mond est affecté de la même maladie
« que M. de Péreux ; c'est mademoi-
« selle Antonine qui me l'a dit, et elle
« le tient de son père. J'ai voulu te
« prévenir tout de suite, afin que nous
« avisions immédiatement aux moyens
« de sauver notre ami, si cela est pos-
« sible. Depuis que mademoiselle De-
« vaux m'a dit cela, j'ai le cœur serré,
« je respire avec peine et je pleure en
« t'écrivant cette lettre. Edmond doit
« venir à deux heures chez moi ; viens
« me dire ce qu'il faut faire, car je
« tremble, si je ne te vois pas, de ne
« pouvoir dissimuler mon émotion de-
« vant lui. Du reste, cette petite An-
« tonine est un ange ; elle l'aime, j'en
» sus sûre, et je suis convaincue que

« la maladie d'Edmond et la sympa-
« thie que les présages de M. Devaux
« ont éveillée en elle n'ont pas peu
« contribué à hâter cet amour. Voilà
« le résultat de cette démarche que je
« faisais, tu le sais, dans une bonne
« intention, et que maintenant je re-
« grette bien d'avoir faite. A ta place,
« j'irais trouver M. Devaux, et je lui
« dirais qu'à tout prix il faut qu'il
« sauve Edmond. Le pauvre garçon
« n'est pas encore alité; il ne se doute
« encore de rien; peut-être aurons-
« nous le temps de le guérir. Tu sais
« que tout ce qu'il faudra faire pour
« ton ami, je le ferai, quand je devrais
« donner la moitié de mon sang.

« Nichette. »

Nichette plia cette lettre, la cacheta, mit l'adresse de Gustave sur l'enveloppe et descendit chez la portière à qui elle dit :

« Faites porter tout de suite cette lettre à l'adresse indiquée, et dites qu'il y a une réponse. »

La portière remit la lettre à un commissionnaire qui se rendit chez Gustave.

Pendant ce temps, Edmond, au lieu de rentrer chez sa mère qui s'était endormie tard et qui devait dormir encore, avait marché d'abord au hasard, tout à ses pensées, tout à son amour, tout à ses espérances.

Après avoir rôdé ainsi quelque temps sur les quais, il s'était machinalement dirigé vers la maison de son ami, auquel il voulait montrer la lettre qu'il avait reçue la veille, et faire part du bonheur que cette lettre lui avait causé.

Gustave n'était pas chez lui; mais le domestique, qui connaissait Edmond et qui savait que chez son maître Edmond était comme chez lui, avait insisté pour qu'il attendît, lui assurant que Gustave ne tarderait pas à rentrer.

Edmond, qui n'avait rien de mieux à faire, était resté, et se couchant sur un canapé, il s'était replongé dans ses pensées heureuses.

Il y avait à peu près une demi-heure qu'il était là et qu'il attendait toujours

Gustave, quand le commissionnaire de Nichette arriva.

— M. Daumont n'y est pas, répondit le domestique au commissionnaire; laissez la lettre.

— Non, dit cet homme, il y a une réponse qu'on attend.

— Eh bien! attendez la réponse.

Le commissionnaire s'assit.

Au bout d'un quart d'heure qu'il attendait, il commença à s'impatienter. Il se leva et se promena dans la salle à manger, en disant :

— S'il fallait attendre comme cela pour toutes les courses que je fais, je ne m'y retrouverais pas.

— Que voulez-vous que je vous dise, mon brave homme, fit le domestique, mon maître n'y est pas, je ne peux pas lui donner votre lettre.

Le commissionnaire patienta encore quelques instants, après quoi il se remit à marmotter :

— La portière m'a bien recommandé de ne pas revenir sans la réponse.

— Donnez-moi votre lettre, fit le domestique impatienté.

— Vous voyez bien qu'il y est votre maître, dit le commissionnaire en remettant la lettre.

Le domestique haussa les épaules et ne répondit pas. La lettre à la main, il entra dans la chambre où était Edmond.

—Dites donc, monsieur Edmond ?...

dit-il au jeune homme avec lequel, à force de le voir, il était devenu un peu familier.

— Que voulez-vous, mon brave Hilaire? demanda de Péreux.

— Il y a là un commissionnaire qui apporte une lettre pour monsieur, qui ne veut pas s'en aller sans la réponse, et qui crie qu'on lui fait perdre son temps.

— Que voulez-vous que j'y fasse?

— Vous qui êtes l'ami de M. Gustave, et qui connaissez toutes ses affaires, vous saurez peut-être ce dont il s'agit, et vous pourrez peut-être donner cette réponse : cet homme m'ennuie dans ma salle à manger.

Et en même temps Hilaire remettait la lettre à Edmond, qui, après avoir regardé l'adresse, dit :

— Tiens, c'est de Nichette. Que diable peut-elle avoir à dire à Gustave? Elle lui raconte sans doute ce qui s'est passé ce matin entre elle et Antonine. En tout cas, elle n'a rien à lui dire que je ne puisse savoir. Je vais lui donner la réponse.

Et en même temps Edmond brisait le cachet de la lettre et la lisait.

Quand il fut arrivé au dernier mot, il se regarda dans la glace : il était pâle comme un mort.

— Que faut-il dire? demanda le domestique.

— Dites que c'est bien, que M. Gustave Daumont va aller chez la personne qui lui a écrit.

Edmond porta la main à son front.
Une sueur froide l'inondait, et deux
grosses larmes tombèrent de ses yeux.

Toutes ses pensées étaient dans ces
deux larmes.

« Ma pauvre mère!...» murmura-t-
il. Et il mit la lettre dans sa poche. Il
n'avait plus besoin de la lire. Il la savait par cœur.

Alors il prit son chapeau, descendit
semblable à un fou, et marcha au hasard, sans regard et sans pensée.

Tout à coup il s'arrêta pour voir où
il était.

Il était sur le boulevard.

Des gens passaient en riant ; il les
regarda passer pendant quelque temps,
puis il se dirigea vers la rue Godot et
monta chez Nichette, qui fut effrayée

de sa pâleur en le voyant paraître.

— Vous venez d'envoyer chez Gustave, lui dit Edmond en lui tendant sa main brûlante, et d'une voix dont il ne pouvait dompter l'émotion.

— Oui, répondit Nichette qu'un pressentiment avertit qu'un malheur venait d'avoir lieu.

— Gustave n'y était pas, ma bonne Nichette, et c'est moi qui ai ouvert la lettre.

Nichette poussa un cri déchirant et cacha son visage dans ses mains.

— Qu'ai-je fait, mon Dieu!... s'écria-t-elle en tombant à genoux.

— Vous avez fait ce que vous deviez faire, Nichette. Cette lettre est celle d'un ange. Il fallait bien que tôt ou tard j'apprisse la vérité. N'en parlons plus. Je suis venu pour vous remercier de la bonne et sainte affection que vous me portez, et pour vous recommander de taire tout cela à ma mère Elle en mourrait.

A cette idée, Edmond sentit de nouveau les larmes qui mouillaient ses yeux.

— Moi qui étais si heureux... murmura-t-il. Vous avez vu Antonine? dit-il tout haut à Nichette.

— Oui, répondit celle-ci en essuyant ses yeux.

— C'est elle qui vous a appris cela?
— Oui.
— Était-elle émue?
— Oui, bien émue.

— Pauvre enfant, elle m'aime donc un peu?

— Elle vous aime, Edmond, et peut-être nous alarmons-nous à tort.

Edmond sourit tristement. On voyait, par ce sourire, qu'il se savait condamné.

— Merci, ma bonne Nichette, merci..... dit-il.

En ce moment, Gustave entra, Gustave qui ignorait tout ce qui s'était passé.

— Je viens de chez moi, dit-il à Edmond, on m'a dit que tu avais reçu une lettre à mon adresse.

— C'est vrai, fit Edmond, la voici. Pardonne-moi de l'avoir ouverte, car elle te fera plus de peine qu'à moi.

En même temps, Edmond passait la lettre de Nichette à Gustave.

— Dieu le voulait... murmura Gustave en levant les yeux au ciel, et sans trouver un mot à dire à Edmond.

— Oui, Dieu le voulait, répéta Edmond; mais ce que je reproche à Dieu, continua-t-il, c'est de vous avoir mêlés tous les deux là-dedans, vous, mes amis, si contents, si gais, si bien portants. Je vais bien vous ennuyer.

— Edmond, que dis-tu? s'écria Gustave.

— Oh! ne parlez pas ainsi, fit Nichette.

— Ah! mes bons amis, dit Edmond, en prenant dans ses bras la tête de la jeune fille et du jeune homme, et en les couvrant de baisers, ah! mes bons amis, je suis bien malheureux!....

Et en disant cela, il sentit toute sa force l'abandonner, et il tomba sur une chaise en pleurant à chaudes larmes.

XV

UN MOYEN D'AMI.

———

Nichette et Gustave prirent les mains à Edmond, sans dire un mot, car ils avaient compris tous deux que l'espérance et la consolation étaient inutiles.

— Allons, il faut être un homme,

dit tout à coup Edmond en se levant et en se disposant à sortir.

— Où vas-tu? lui demanda Gustave.

— Je vais voir ma mère. Je vais déjeuner avec elle, répondit de Péreux d'un ton qu'il essaya de faire indifférent. Te verrai-je dans la journée?

— Oui, certainement.

— A bientôt alors. Adieu, ma bonne Nichette, fit Edmond en embrassant la modiste; merci encore une fois de votre charmant dîner d'hier.... nous le recommencerons quelquefois.

Gustave accompagna Edmond jusqu'à la porte.

Il était presque effrayé du calme de son ami.

— Pas d'imprudence, lui dit-il en le quittant.

— Quelle imprudence veux-tu que je fasse! ce n'est pas le moment d'en faire, répliqua Edmond en souriant.

— Courage, ami, courage!

— J'en ai. Pourquoi désespérer. Les hommes peuvent se tromper, n'est-ce pas? et Dieu est toujours bon. Tout n'est pas encore fini, va.

Edmond serra affectueusement la main de Gustave et descendit.

C'est pour nous rassurer, c'est pour nous faire moins de peine qu'il parle ainsi, dit Gustave à Nichette quand il eut refermé la porte, mais il a la mort dans l'âme, vois-tu. C'est affreux, ce qui vient de se passer. Pourquoi faut-il que tu m'aies écrit cette lettre!

—Pouvais-je me douter de ce qui

arriverait? Ne me gronde pas, Gustave, je souffre déjà bien assez.

Et Nichette essuyait de nouveau ses yeux remplis de larmes.

— Voyons, dit Gustave, ne nous berçons pas de fausses espérances; voyons les choses au pire, et si nous sommes trompés, ce sera pour notre bonheur. Edmond a quatre ou cinq ans à vivre.

— Pauvre Edmond! murmura Nichette.

— Eh bien! il faut qu'il les vive heureux, ces quatre ou cinq ans, et c'est à moi qu'il appartient d'assurer ce bonheur. Car, vois-tu, Nichette, si, le jour où Edmond mourra, je sentais que j'ai quelque chose à me reprocher vis-à-vis de lui, je me ferais sauter la cervelle. Mademoiselle Devaux demeure-t-elle avec son père seulement?

— Non, elle a avec elle une gouvernante.

— Qu'importe!

— Tu veux la voir?

— Oui.

— Pour quoi faire?

— J'ai mon projet.

Gustave embrassa Nichette, et sortit à son tour.

Quand il eut disparu à l'angle du boulevard, Nichette mit son châle, se rendit à l'église de la Madeleine, s'agenouilla et brûla un cierge, après quoi elle rentra chez elle un peu plus calme.

Pendant ce temps, Edmond était arrivé chez sa mère, qui venait de se réveiller presque sans souvenir de ses émotions de la veille, et qui reçut son fils comme elle le recevait toujours, avec un sourire et un baiser.

Malgré ses efforts, Edmond ne pouvait triompher de sa tristesse et des pensées dans lesquelles le rejetait tout à coup la lettre du matin.

Deux ou trois fois, madame de Péreux le questionna. Elle attribuait cette mélancolie aux premiers soucis d'amour qu'éprouvait son fils.

Oh! quand le cœur s'est remis à espérer, il a bien de la peine à revenir au doute; et, par une de ces réactions fréquentes de l'âme, les craintes de la mère d'Edmond semblaient être à tout jamais effacées par la confiance qu'elle avait puisée en Dieu, après le terrible pressentiment qui l'avait frappée la veille.

Edmond fit tout ce qu'il put pour être gai; mais, après le déjeuner, pendant lequel il avait raconté à sa mère la rencontre qu'il avait faite de Nichette, le rendez-vous qu'elle lui avait donné, et il se retira dans sa chambre.

Alors il s'assit, pour ainsi dire, en face de lui-même, et, la tête dans ses deux mains, il se mit à penser.

« Étrange chose que la vie! se disait-il. Un jour, un enfant vient au monde, ses jeunes parents l'entourent de joie et de soins...; ils l'accueillent comme un bienfait, ils aiment en lui le visible battement de leurs deux cœurs. Ses yeux s'ouvrent à la lumière, son âme à la vie, et la nature tout entière commence pour lui. Un regard maternel suit, étudie l'enfant nouveau-né ; le moindre de ses maux inquiète ; on le protége comme une frêle fleur qui a toujours besoin de la même somme de lumière, d'ombre et d'eau. On l'élève comme s'il devait être éternel ; on emplit son cœur de sentiments, son esprit de sciences ; il grandit ainsi. On fonde des espérances sur cet enfant pour l'époque où il sera un homme. On lui montre toutes les carrières, on scrute ses penchants, ses préférences, ses sympathies. On lui crée des relations, on est fier de ses progrès, on remercie Dieu. Enfin, il atteint vingt ans : il sourit à l'existence, qui lui apparaît pleine d'enchantements ; son intelligence raisonne, son œil sonde tous les horizons, son cœur aime. A son tour, il espère pour lui ; il se sent capable de grandes et bonnes choses, il donne le bonheur à ceux qui l'entourent, et il le donne comme il l'a reçu. Toutes les nobles ambitions s'éveillent dans son esprit, il sourit à l'avenir, il est heureux enfin. Ses parents se complaisent dans leur œuvre achevée à force d'amour et de soins; et, un beau jour, on s'aperçoit que cet enfant a un tubercule au poumon, et qu'il faut irrévocablement qu'il meure, et que, dans un court espace, il faudra enfermer entre quatre planches et jeter à la terre, avec son cadavre, tout son passé, tout son avenir, toutes ses espérances, tout son bonheur; qu'il ne verra plus ceux qui l'aimaient, que ceux qui l'aimaient ne le verront plus, et qu'au lieu de serrer dans ses bras une créature jeune, forte, heureuse, aimante, aimée, ses parents n'auront plus qu'une tombe avec un nom dessus pour aller prier.

« Ah! c'est affreux!... Et cet enfant, c'est moi!

« Ainsi, je vis, je vois, je sens, je pense, j'aime; toutes les choses de la nature ont en moi un miroir ou un écho; et, dans peu de temps, mes yeux ne verront plus rien, mon corps sera insensible, mon cerveau ne sera plus qu'une matière inerte, mon cœur, qui bat maintenant à un nom, sera mort, et mon amour sera chose oubliée et perdue! Nul ne verra qu'il y a une place vide dans le monde, et d'autres hommes viendront, qui verront, qui sentiront, qui penseront, qui aimeront et qui mourront comme moi!...

« A l'âge que j'ai, on dépense ordinairement sa vie gaîment, avec insouciance; le passé est court, l'avenir semble éternel...; on laisse passer les jours sans les compter, tant le cœur est riche d'espoir. Et moi, moi qui suis averti maintenant; moi qui, par conséquent, mourrai deux fois, chaque matin je me dirai : est-ce pour ce soir ; chaque soir je me dirai : est-ce pour demain. Puis, un jour, ma mère poussera un cri que je n'entendrai plus, et tout sera dit!...

« Un prêtre, dont la prière ne pourra me réveiller, priera à mon chevet ; des hommes me coucheront dans mon dernier lit, étroit et froid, et il viendra un moment où je serai plus à l'aise dans ma bière, que je ne suis à l'aise aujourd'hui avec le monde entier devant moi. Mon corps sera le même, un peu plus maigre un peu plus pâle, voilà tout ; mais aucune des choses terrestres n'aura plus d'empire sur lui, et mon âme sera auprès de Dieu, dit-on.

« Et, quoi que je fasse, cela sera.

« Et j'aime cependant... ; ma mère d'abord, qui m'aura donné toute sa vie sans pouvoir s'assurer la mienne. Gustave, qui accepterait aujourd'hui la maladie que j'ai pour que je fusse heureux ; Antonine, que j'ai vue seulement il y a trois jours, et qui m'a déjà donné une preuve de sa sympathie et de sa pitié; Nichette, cette douce enfant, qui me pleurera sincèrement...; et, malgré tout cela, il faudra que je m'arrête au milieu de ma route et que ceux que j'ai connus continuent la leur sans moi..

« Et moi, qui pleurais souvent à l'idée qu'un jour je verrais mourir ma mère!... Soyez béni, mon Dieu! qui m'épargnez cette douleur. »

Edmond, le cœur serré par toutes ces réflexions dans lesquelles il se complaisait malgré lui, se leva et se promena quelques instants dans sa chambre; puis il alla à sa fenêtre, entr'ouvrit son rideau, et regarda dans la rue les gens qui passaient; puis il prononça le nom d'Antonine; et, revenant à sa table, il s'assit, appuya sa tête sur sa main gauche, et, machinalement, il se mit à écrire à mademoiselle Devaux.

« Antonine, écrivit-il, il me semble que je vous aime encore plus depuis le matin. A l'église, vous avez sans doute prié Dieu pour moi. Que de choses en trois jours! Que vais-je faire maintenant? Je vais partir, puisque vous me l'avez conseillé. Partir! Où aller? Aller chercher dans le midi une atmosphère qui me fera vivre quelques mois de plus? Révéler à ma mère que je suis malade? M'éloigner de vous? Aller porter à des étrangers ma tristesse, mon ennui, mon mal? Mourir dans une chambre d'hôtel sous un ciel nouveau? Tricher la mort? à quoi bon!

« Si Dieu et vous vous vouliez, cependant, je pourrais être heureux encore, et cette fatalité que j'ai apprise ce matin pourrait être la cause de mon bonheur. Est-il une créature qui soit sûre d'être heureuse trois ans! Je pourrais l'être, moi. Trois ans passés avec la femme qu'on aime, c'est l'éternité. Si j'allais à vous, Antonine, si je vous disais : J'ai peu de temps à vivre, mais il dépend de vous que ce temps soit pour moi heureux ou malheureux, maudit ou béni. Sacrifiez-vous, devenez ma femme, et pendant les quelques années que Dieu m'accorde encore, tout ce qu'un homme peut faire, tout ce qu'il peut inventer et rêver pour la femme qu'il aime, je le ferai, je l'inventerai, je le rêverai pour vous. Le sacrifice que vous m'aurez fait ne dépassera pas ma vie. Moi mort, vous serez libre et jeune encore, vous pourrez continuer avec un nouvel époux le bonheur commencé avec moi. Au nom de votre mère qui est morte, au nom de ma mère qui mourra de ma mort, soyez à moi, Antonine, et quand Dieu me rappellera, je retournerai à lui, l'âme pleine de reconnaissance pour la consolation que vous m'aurez donnée. Faites cela, Antonine, et vous pourrez vous dire un jour : « J'ai fait une bonne action. Il y avait un malheureux qui, sans moi, serait mort dans le blasphème et la malédiction, et grâce à moi, grâce à mon amour, il est mort regrettant la vie, mais ne la maudissant pas. » Vous verrez, Antonine, combien cela vous sera une douce pensée dans l'avenir, et combien vous vous sentirez fière de vous. Puis, qui sait?... »

Edmond ne continua pas la phrase commencée, la plume tomba de ses mains. Chose étrange! l'idée d'espérer le décourageait.

Alors il relut ce qu'il venait d'écrire, et après avoir médité quelques instants sur cette lettre, il la déchira et en jeta les morceaux dans la cheminée.

« Insensé que je suis, s'écria-t-il, ne m'a-t-elle pas dit de partir? De quel droit irais-je demander à cette enfant d'associer sa santé à ma maladie, sa vie à ma mort? De quel droit lui donnerais-je un cadavre pour mari? au nom de quoi prendrais-je ses jeunes et belles années, comme on prend des fleurs pour les jeter sur une tombe? M'aime-t-elle seulement, peut-elle m'aimer cette jeune fille à qui je n'ai adressé la parole que pour lui remettre son gant, et qui ne m'a vu que deux fois? Dois-je abuser d'un mouvement de pitié qu'elle a eu? Allons! j'étais fou, je suis maudit, bien maudit.

Et Edmond laissa tomber sa tête dans ses deux mains.

« Eh bien! reprit-il quelques instants après, si je n'ai pas le droit de me faire aimer d'elle, j'ai le droit de l'aimer et de la voir, j'ai le droit de lui faire comprendre qu'à partir du jour où je l'ai vue, j'ai associé sa pensée à ma pensée. Au lieu d'employer à mon bonheur le temps que j'ai à vivre, je veux l'employer au sien. Malheur à l'homme qu'elle aimera s'il ne la rend pas heureuse! Je vais aller trouver M. Devaux : je lui expliquerai tout, je lui avouerai toute la vérité. Je lui demanderai qu'il me reçoive chez lui comme son fils, je demanderai à Antonine qu'elle m'aime comme son frère. Je verrai se développer en elle ses premières impressions. Je l'aimerai, non plus comme une femme, mais comme une enfant. Ma mort prochaine me vieillira à ses yeux. Elle écoutera mes conseils. Mon affection sera presque paternelle. Son mari ne pourra pas être jaloux de moi, quand il saura ce que je suis. Oui, cela vaut mieux, je ne me marierai pas. Je ne ferai supporter la douleur de ma mort qu'à ceux que la nature elle-même a mis à côté de moi. De cette façon, je ne frustrerai pas ma mère de mes dernières années; je serai tout à elle, et je m'endormirai dans ses bras. »

Edmond raisonnait ainsi, tant il avait besoin de donner une pâture à son cœur brisé; puis, il sortit pour aller voir M. Devaux, mais, en réalité, dans l'espérance de rencontrer Antonine.

Pendant ce temps, Gustave s'était rendu rue de Lille, se demandant tout le long du chemin quel prétexte il allait prendre pour parler à Antonine.

« Après tout, se dit-il, il faut que je lui parle, et, à mon avis, les moyens francs sont les meilleurs. Il s'agit du bonheur d'Edmond. »

XVI

LA JOIE DANS LA DOULEUR.

Arrivé rue de Lille, Gustave monta chez M. Devaux.

— Veuillez dire à mademoiselle Devaux, dit-il au domestique qui vint lui ouvrir la porte, qu'il y a quelqu'un qui la demande au salon.

Gustave avait dit cela d'un ton si résolu, que le domestique ne répondit qu'en lui obéissant.

Gustave entra donc dans le salon que nous connaissons et où Antonine parut quelques instants après.

— C'est vous qui me demandez, monsieur? dit-elle à Daumont avec étonnement.

— Oui, mademoiselle, fit Gustave, et je vous prierai même de fermer la porte de votre chambre, car ce que j'ai à vous dire ne peut être, ne doit être entendu que de vous seule.

Un pareil langage était fait pour étonner la jeune fille ; mais celui qui lui parlait, lui parlait d'un ton si suppliant qu'elle ferma la porte, et que venant s'asseoir elle lui dit :

— Je vous écoute, monsieur.

— Mademoiselle, reprit alors Gustave, vous êtes jeune, vous êtes belle, vous êtes la fille d'un homme honorable, votre cœur doit être confiant, bon, compatissant. Sans le vouloir, vous avez été la cause d'un grand malheur.

— Vous m'effrayez, s'écria Antonine qui ne comprenait rien à l'émotion de Gustave qu'elle ne reconnaissait pas encore, quoiqu'elle l'eût vu, très-imparfaitement il est vrai, au bras d'Edmond.

— Hier, une jeune femme est venue

ici vous offrir des bonnets, des dentelles?

— C'est vrai.

— Elle vous a parlé de M. de Péreux?

— C'est vrai encore, monsieur, répondit Antonine en rougissant.

— Oh! parlez-moi sans crainte, mademoiselle, car je n'ai qu'une vanité, c'est de croire qu'il n'y a pas de cœur plus franc que le mien. Vous avez avoué à cette jeune fille ce que M. Devaux vous avait dit de M. de Péreux, c'est-à-dire qu'il est atteint d'une maladie mortelle. Eh bien! mademoiselle, cette jeune fille que je connais m'a écrit tout cela, car elle sait que j'aime Edmond comme mon frère, et la lettre est tombée entre les mains d'Edmond.

— Le malheureux! s'écria Antonine.

— Oui, malheureux, bien malheureux, en effet, mademoiselle; car cette prophétie de mort, c'est la ruine de toutes ses espérances, de toutes ses affections, de tout son bonheur rêvé; car Edmond vous aimait, mademoiselle, car il vous aime, et maintenant il sera forcé d'imposer silence à son cœur, et son cœur, qui ne se taira pas, se brisera dans sa poitrine et le tuera plus tôt qu'il ne doit mourir. Eh bien, mademoiselle, je suis venu à vous franchement, honnêtement, simplement, et je vous dis : Il y a un homme qui vous aime et qui mourra jeune ; cet homme a une mère qui ne vit que de sa vie et que de son bonheur. Vous sentez-vous dans l'âme assez de force pour vous faire l'ange gardien de cet homme, pour l'accompagner de votre affection et de vos soins jusqu'à l'heure de sa mort, pour réparer le mal qu'involontairement vous avez fait; ou faut-il qu'il parte, et qu'il s'en aille mourir dans quelque coin, en n'ayant d'autre consolation que le souvenir de votre nom? car, j'en suis sûr, l'amour de sa mère ne lui suffit plus maintenant.

Il y a des sentiments qui n'ont pas besoin de commentaires.

Nous renonçons à peindre l'impression que cette déclaration, si simple et si étrange à la fois, causa à Antonine; mais en un instant elle était devenue femme, et elle sentait toutes les cordes d'amour, de dévouement, de générosité, vibrer bruyamment en elle, et lui conseiller la sainte action que lui demandait Gustave.

— Monsieur, dit-elle à Daumont d'une voix grave et en se levant, vous me jurez que tout ce que vous venez de me dire est vrai?

— Je vous le jure, mademoiselle.

— Vous êtes sûr qu'en devenant la femme de M. de Péreux, j'aurai fait tout ce qui est humainement possible pour le rendre heureux, quel que soit le temps que le ciel lui accorde?

— J'en suis sûr.

— Eh bien, monsieur, j'aime M. de

Péreux ; lui vivant je ne serai jamais à un autre qu'à lui ; portez lui cet anneau qui me vient de ma mère, comme gage du serment que je vous fais.

Gustave se jeta aux genoux d'Antonine et baisa ses mains et les couvrit de larmes.

— Allez, monsieur, dit-elle à Gustave, retournez auprès de M. de Péreux, moi, je vais prier pour mon mari.

En disant cela, Antonine, pâle, digne, belle, rayonnante de jeunesse, d'amour et de beauté, rouvrait la porte et rentrait dans la chambre.

Gustave descendit les escaliers quatre à quatre.

« Noble cœur! répétait-il à chaque instant. Pauvre Edmond, il me devra au moins une joie. »

A la porte, Gustave rencontra son ami qui, comme nous l'avons vu, avait voulu venir faire visite à M. Devaux.

— Elle t'aime, s'écria Gustave... Elle n'en épousera jamais un autre. Voici son anneau. A partir d'aujourd'hui vous êtes fiancés. Espère, mon ami, espère!...

Et il se jeta dans les bras d'Edmond.

Edmond était presque suffoqué par la joie.

— Tu l'as vue? dit-il.

— Oui.

— Et elle m'aime?

— Oui.

— Et elle consent à m'épouser?

— Oui, oui, te dis-je.

— Ah! Gustave, je ne croyais pas que l'on pût être si heureux et si malheureux le même jour.

Et, en disant cela, Edmond embrassait de nouveau son ami.

— Ah ça! ces messieurs sont fous, dit un gros monsieur qui avait assisté à cette scène, et qui ne comprenait pas que l'on s'embrassât de cette façon dans la rue, et que l'on forçât les gens à descendre du trottoir.

TABLE DES CHAPITRES

DU PREMIER VOLUME.

	Pages.
I. Les petits pieds.	5
II. Un moyen d'amoureux.	37
III. Une jeune mère.	59
IV. Les quatre rosiers.	73
V. Confidence.	95
VI. Incident.	105
VII. Consultation.	121
VIII. L'amour prend tous les chemins.	139
IX. Nichette.	163
X. La lettre d'Antonine.	193
XI. L'espoir au fond de tout.	217
XII. Jeunesse, amour, prière.	235
XIII. Antonine et Nichette.	261
XIV. Une fatalité.	291
XV. Un moyen d'ami.	309
XVI. La joie dans la douleur.	339

— EN VENTE —

LES DEGRÉS DE L'ÉCHELLE

Par Mme la Comtesse D'ASH.

L'ÉVENTAIL D'IVOIRE

PAR AUGUSTE LUCHET.

2 volumes in-8°.

LE CAPITAINE LA ROSE

PAR FÉLICIEN MALLEFILLE.

2 vol. in-8°.

UN DRAME DANS LES PRISONS

PAR HONORÉ DE BALZAC.

2 volumes in-8°.

BOLESLAS
OU LA
TACHE DE CAÏN

PAR L. DE VAUPLEUX.

2 vol. in-8°.

www.ingramcontent.com/pod-product-compliance
Lightning Source LLC
Chambersburg PA
CBHW072004150426
43194CB00008B/991